W0470667

Petite vie
de
Jean Baptiste

DU MÊME AUTEUR

Chez le même éditeur :

Catherine Labouré racontée à tous.
Chine et christianisme.
Miracle à El Paso.
El Paso : le miracle continue.
Jésus Christ présent.
Je vous salue Marie.
Magnificat. Action de grâce de Marie.
Petite vie de Bernadette.
Petite vie de saint Pierre.
Qu'est-ce que l'Eucharistie ?
Vie authentique de Catherine Labouré (2 tomes).
Vie de Catherine Labouré (édition de poche).
Vie de Bernadette (édition de poche et *édition reliée).*
Vie de Bernadette pour tous.

Aux Éditions F.X. de Guibert :

Un amour extraordinaire : Yvonne-Aimée de Malestroit.
L'amour plus fort que la souffrance : Dossier médical d'Yvonne Aimée de Malestroit.
L'apparition à Alphonse Ratisbonne : 20 janvier 1842.
La Vierge apparaît-elle à Medjugorge ?
Les chrétiens détonateurs des libérations à l'Est.
Le vœu de Louis XIII.

Aux Éditions Bréchant :

Dieu existe. En voici les preuves.

RENÉ LAURENTIN

Petite vie de Jean Baptiste

prêtre, prophète, ascète, précurseur et martyr

DESCLÉE DE BROUWER

76 *bis*, rue des Saints-Pères, 75007 Paris
ISBN 2-220-03373-2
ISSN 0991-4439

Liminaire

Jean Baptiste est — avec Jésus-Christ — le seul personnage du Nouveau Testament dont nous savons la vie, de la naissance à la mort, bien plus : sa conception, prédite à Zacharie et présanctifiée à la Visitation. Après sa mort, l'écho de son ministère demeure lumineusement dans l'Évangile, les Actes des Apôtres, l'histoire profane et la liturgie jusqu'à nos jours.

Jean Baptiste est le dernier des prophètes. Comme les premiers : Élie et Élisée, comme Jésus-Christ, il n'a rien écrit, mais il a d'autant plus marqué son temps. L'historien Flavius Josèphe le connaît mieux que Jésus-Christ. Les Pères de l'Église le célèbrent comme le Prince des ascètes et des moines, pas seulement des prophètes, car son prophétisme est né de son érémitisme au désert : lieu biblique par excellence. C'est là que Yahvé s'est révélé à son peuple. C'est là qu'il l'a formé. C'est là qu'il entendait retrouver cette épouse infidèle pour la séduire à nouveau : Je la conduirai au désert et je parlerai à son cœur *(Os 2, 16).*

On a voulu faire de Jean un Essénien, élevé à Qumran dans sa jeunesse. Il est vrai qu'il fut ermite, près de l'embouchure du Jourdain au bord de la mer Morte, à quelques kilomètres de cette communauté monastique juive. Il n'a guère pu l'ignorer. Il avait des affinités avec elle; mais s'il eut effectivement des contacts, il en serait un dissident. Le Seigneur le guidait par des sentiers propres.

Né d'une famille sacerdotale de bonne souche, il la quitte pour l'aventure du désert. Mais très vite, des gens de passage reçoivent son appel, et bientôt son rayonnement attire les foules.

Dans un style totalement ouvert, en contraste avec la communauté close de Qumran, il accueillit largement tout le peuple : pécheurs, publicains, soldats. A Qumran (comme d'ailleurs dans la primitive Église), on leur aurait demandé d'abandonner leur métier. Jean leur disait seulement de l'accomplir avec justice.

Ce jeune cousin de Jésus, sanctifié dès le sein de sa Mère (Lc 1, 15 et 41), devient le seul Précurseur du Messie. Comme la mère du Seigneur, il le devance et le prépare.

Après le Magnificat *de Marie, prélude des béatitudes, la prédication de Jean Baptiste constitue la première couche de l'Évangile : l'appel à la conversion. Son message demeure comme un fondement permanent de l'Église. Il revit, à travers les siècles dans les grands renouveaux chrétiens et jusque dans les apparitions. Les messages de Lourdes, Fatima et d'ailleurs y font écho.*

Prêtre devenu ascète, prophète, Précurseur, Jean Baptiste fut aussi un martyr. Comme le Christ, sa prédication le fit condamner. Son humble humour prophétique, référé au Christ, semblait se réjouir de sa décapitation même : Il faut qu'il croisse et que je diminue *(Jn 3, 30).*

Le Précurseur reste présent, en filigrane, dans tout le christianisme. La voix qui crie dans le désert *ne s'est jamais éteinte. L'iconographie le fait resurgir partout, de l'enfance au jugement dernier, souvent symétrique de Marie. Il introduisit la vie publique, comme Marie la vie cachée. On ne peut connaître le christianisme si on ignore Jean Baptiste. Saurons-nous le découvrir au fil de sa vie, fondée sur le Nouveau Testament, confirmée par l'histoire profane, qui le salue avec respect ?*

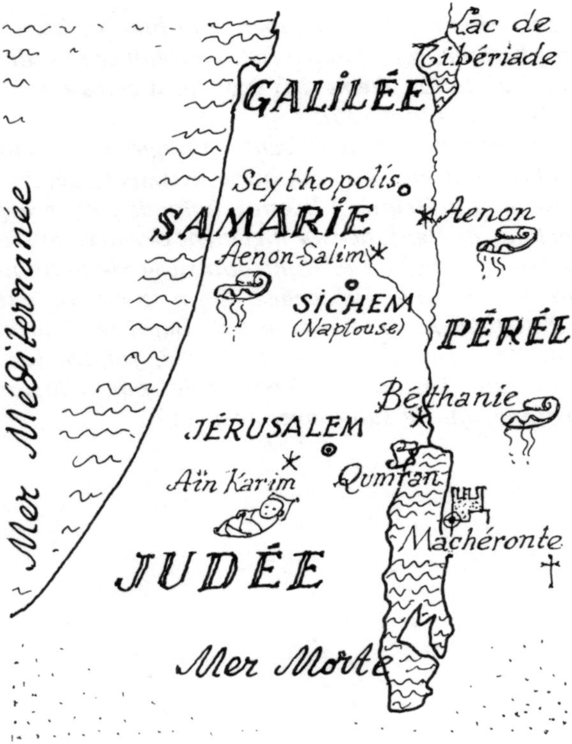

Sites qui intéressent la vie de Jean Baptiste :
— Ain Karim, lieu probable de sa naissance, à l'ouest de Jérusalem.
— Béthanie (proche de Qumram) et Aenon-Salim, où il baptisait. Pour ce dernier lieu nous indiquons l'hypothèse (périmée) d'Eusèbe (IIe s.) et Lagrange, et celle établie par Boismard : près de Sichem et du lieu-dit Aenon, où la ville des sources (devenues insalubres par Malaria) fut transférée.
— Enfin la forteresse de Machéronte, lieu de son emprisonnement et de son martyre.

1
L'annonce à Zacharie

Le temps et le lieu

A l'instar d'Isaac, Samson et Samuel, la naissance de Jean Baptiste a été annoncée, la mémoire en est restée dans les collines de Juda, toutes proches de Jérusalem : les voisins du prêtre Zacharie et Marie elle-même ont recueilli cette histoire intime, ils l'ont « gravée dans leur cœur » (Lc 1, 66). Luc l'évangéliste, qui a enquêté dans la communauté de Jérusalem et sans doute aux environs, se réfère formellement à ces témoins (Lc 1, 66 ; cf. 2, 19 et 51). Il situe d'abord le temps, le lieu, la famille :

> *Aux jours d'Hérode, roi de Judée, il y avait un prêtre du nom de Zacharie, de la classe d'Abia, et sa femme, descendante d'Aaron, s'appelait Élisabeth. Tous deux étaient justes devant Dieu et suivaient irréprochablement tous les commandements et ordonnances du Seigneur. Mais ils n'avaient pas d'enfant, car Élisabeth était stérile et tous deux étaient avancés en âge* (Lc 1, 5-6).

Nous sommes donc au temps d'Hérode le Grand. Né vers 73 avant Jésus-Christ, après bien des déboires qui l'avaient obligé à fuir jusqu'à Rome, il sut capter la confiance de Marc-Antoine qui le fit roi des Juifs. C'est ainsi qu'avec l'aide des légions romaines, il conquit Jérusalem, en l'an 37, et assit son pouvoir sur toute la Palestine. A l'heure de la naissance de Jean Baptiste son règne s'achève. Les calculs médiévaux de Denis le Petit, qui ont établi le point de départ des millésimes de notre ère sont dépassés. Jésus est né de toute manière... « avant Jésus-Christ » selon notre comput : en −4 selon l'opinion quasi générale, en −1 selon des minorités vociférantes, fondées sur une interprétation divergente des calendriers. La conception de Jean Baptiste se situe quinze mois avant la naissance de Jésus à Bethléem.

Nous sommes tout près de Jérusalem, dans une famille sacerdotale que la tradition situe à Ein Karim, à 5 kilomètres de Jérusalem. Zacharie n'était pas un des permanents du Temple. C'était un prêtre de village. Il n'appartenait pas à l'aristocratie de Jérusalem, mais avait l'honneur d'être de service au Temple durant deux semaines chaque année, *selon le tour de sa classe* (Lc 1, 8, que confirment Josèphe et le Talmud). Ce campagnard était étranger aux intrigues qui mettaient les prêtres de Jérusalem et les grands prêtres aux prises avec le pouvoir d'Hérode.

Il était de bonne race sacerdotale, de père en fils. Il appartenait à la classe d'Abia. Il avait épousé une descendante d'Aaron, fondateur du sacerdoce hébreu. Comme la Bible promettait rétribution ici-bas, ils ne comprenaient pas pourquoi ils étaient frustrés de la bénédiction fondamentale : une postérité. Élisabeth était avancée en âge, et cette espérance était pour eux révolue.

> *Et voici ce qui advint :*
> *Comme il exerçait le sacerdoce devant Dieu, selon le tour de sa classe* [celle d'Abia] *et la coutume du sacerdoce, il fut désigné par le sort, pour offrir l'encens. Il entra dans le sanctuaire du Seigneur et toute la multitude du peuple priait dehors, à l'heure de l'encens* (Lc 1, 8-10).

Ici surgit la surprise qui advient encore aux voyants de notre temps : à sainte Catherine Labouré et Bernadette, et à ceux que des apparitions interpellent aujourd'hui :

> *Alors lui apparut l'Ange du Seigneur, debout à droite de l'autel de l'encens. A sa vue, Zacharie fut troublé et la crainte tomba sur lui. Mais l'Ange lui dit :*
> *— Sois sans crainte Zacharie, ta prière a été exaucée. Ta femme Élisabeth t'engendrera un fils, et tu l'appelleras du nom de Jean. Il sera pour toi joie et allégresse, et beaucoup se réjouiront de sa naissance, car il sera grand*

devant le Seigneur. Ni vin, ni boisson fermentée il ne boira [Nb 6, 3-4 ; Jg 13, 4], *et il sera rempli de l'Esprit Saint dès le sein de sa mère. Il ramènera beaucoup de fils d'Israël au Seigneur leur Dieu, et il marchera devant lui* avec l'esprit et la puissance d'Élie, pour ramener les cœurs des pères vers leurs enfants [Ml 3, 24], *et les rebelles à la prudence des justes, pour préparer au Seigneur un peuple bien disposé* (Lc 1, 11-17).

C'est une bonne nouvelle, toute de joie. L'enfant sera grand, consacré au Seigneur, selon le rite du Nazir, qui comportait une ascèse alimentaire et capillaire (tête rasée). Le fils du prêtre sera de surcroît un prophète. L'Esprit Saint n'attendra point l'âge adulte. Il viendra sur lui « dès le sein de sa mère ». Ainsi ce prophète précoce sera-t-il un convertisseur, bien plus : un précurseur, il marchera devant Dieu avec la puissance d'Élie, il préparera au Seigneur un peuple bien disposé pour les temps eschatologiques où l'on attendait, selon certains textes de l'Ancien Testament (So 3, 14-17, etc.), la venue du Seigneur lui-même. Jean Baptiste marchera devant le Seigneur, dit le texte. Comment ? Cette prédiction, obscure comme toutes les prédictions, ne le précise pas encore.

« *Tu seras muet* »

Zacharie est un prêtre prudent et chevronné. Sa formation lui a appris à réfléchir et à ne pas se payer de mots. Il pense avoir le droit de questionner, comme avait fait Abraham en Gn 15, 8, devant l'annonce invraisemblable d'une postérité sénile :

> — *A quoi le connaîtrai-je, car je suis un vieillard et ma femme est avancée en âge ?*

Abraham avait reçu une explication. Et Marie en recevra une, elle aussi (Lc 1, 35-36), après un message également déroutant, car elle avait décidé d'appartenir à Dieu seul, et l'ange lui annonçait un fils. Mais si la jeune Galiléenne, appelée à être mère du Seigneur, avait droit à une explication, nécessaire pour comprendre comment Dieu accordait cette maternité avec son propos de virginité, le prêtre, lui, n'a pas le droit à la parole. L'Ange lui répond sévèrement :

> — *Moi, je suis Gabriel, qui me tiens devant Dieu, et j'ai été envoyé pour te parler et t'annoncer cette bonne nouvelle. Mais voici que tu seras muet, ne pouvant plus parler, jusqu'au jour où ces choses adviendront, parce que tu n'as pas cru à mes paroles qui s'accompliront en leur temps* (Lc 1, 20).

Ici les lèvres de Zacharie se figent. Il ne peut même plus dire les bénédictions. Il essaie de s'en tirer comme il peut, et son temps de service s'allonge.

> *Le peuple attendait Zacharie, et il s'étonnait qu'il s'attardât dans le sanctuaire. Quand il sortit, il ne pouvait leur parler, et ils comprirent qu'il avait eu une vision dans le sanctuaire. Il leur faisait des signes et demeurait muet* (Lc 1, 22).

La description ne manque pas d'humour. En ce grand jour, où il exerçait glorieusement la fonction sacerdotale devant Dieu, au nom de tout le peuple en prière, le voici réduit à des signes impuissants. Mais la grâce promise est là. Elle fait son chemin.

Bénédiction et secret

Voici ce qui advint : Quand furent accomplis les jours de son service liturgique, il s'en alla chez lui (Lc 1, 23-25).

Le temps de service durait deux semaines, et c'est au retour que commença l'heureux événement :

Après ces jours-là, sa femme Élisabeth conçut et se cacha, cinq mois durant, elle disait :
— Voilà ce qu'a fait pour moi le Seigneur dans les jours où Il a regardé, pour l'enlever, ma honte parmi les hommes (Lc 1, 23-25).

La stérilité était pour une femme, non seulement une honte, mais apparemment une malédiction. Élisabeth ne se targue pas de la bénédiction reçue, elle la partage avec Dieu seul, jusqu'au jour où le mépris des hommes sera levé par la naissance de l'enfant prédestiné.

Le foyer désert du prêtre, sa petite maison et son jardin ont retrouvé vie et espérance humaine. Zacharie et Élisabeth imaginent le petit enfant, qui va rajeunir leurs vieux jours : le futur prêtre qui va continuer la tradition familiale, apparemment interrompue sans espoir.

2
La Visitation

La naissance approche : plus que trois mois ! La vie reste austère dans la maison de Zacharie. Les journées sont longues entre le prêtre muet et sa femme âgée, qui cumule sa gestation déjà pesante avec les lourds travaux du ménage, en un temps où il fallait sans répit faire tant de choses : moudre le grain, pétrir la pâte, cuire le pain ; filer, tisser, coudre les vêtements ; entretenir le feu qu'il était si difficile d'allumer.

Une visite inattendue

Et voici un rayon de soleil inattendu. La petite Marie de Nazareth, en âge de mariage : plus ou moins quinze ans, fiancée à Joseph, qui va prochainement sceller le mariage en la prenant chez lui, débarque sans crier gare. La visite de la jeune fille à sa vieille cousine va mériter à jamais le nom solennel de *Visitation* (l'abstrait a parfois valeur de superlatif).

Pourquoi la petite Marie, qui habitait si loin au nord dans sa province marginale de Galilée (une petite villageoise de rien du tout) arrive-t-elle dans la maison du prêtre, où le miracle est grand secret ? C'est qu'elle a reçu, secrètement elle aussi, une annonce plus grande que celle de Zacharie : l'événement fondamental de l'Histoire : la naissance d'un fils, son fils ! qui est le Fils du Très-Haut (Lc 1, 32), le Fils de Dieu (Lc 1, 35). *L'Esprit Saint est venu sur* elle, invisiblement, et *la puissance du Très-Haut l'a couverte de son ombre*, comme autrefois la nuée couvrait l'Arche d'Alliance (Lc 1, 35 ; cf. Ex 40, 36). Elle aussi, elle attend un enfant, conçu trois mois après Jean Baptiste, mais plus grand que Jean Baptiste, transcendant : Dieu venant de Dieu seul, par la théophanie de l'Annonciation :

Et le Verbe s'est fait chair
Et il a habité parmi nous,

résumera plus tard Jean (1, 14).

L'ange a confié à la petite Marie le bonheur de sa vieille cousine (Lc 1, 36) et, par inspiration de l'Esprit Saint (Lc, 1, 35), la jeune fille a pris la route de Jérusalem : sinueuse, dangereuse, accidentée (1, 39). Plus de 100 kilomètres ne lui ont pas fait peur. Elle porte innocemment en elle le Sauveur du monde, qui aura nom Jésus, car les deux enfants ont reçu d'avance un nom venu du Ciel :
— Jean *(Yehohanan)* signifie : *Yahvé a fait grâce (ou, si l'on veut : miséricorde)* ;
— et Jésus signifie : *Yahvé sauve.*

Tous deux sont un don de Dieu, une pure relation à Yahvé.

La vieille cousine n'en revient pas de cette visite. La voix claire de la jeune fille qui la salue joyeusement l'illumine, précise l'évangéliste :

> *Dès qu'Élisabeth entendit la salutation de Marie, l'enfant dansa de joie en son sein. Et Élisabeth fut remplie de l'Esprit Saint* (Lc 1, 41).

Non seulement Élisabeth est envahie par la joie, mais son enfant tressaille joyeusement en elle. C'est une même allégresse, un même élan du fils et de la mère dans leur solidarité charnelle. Luc emploie le verbe grec *skirtaô* : danser, pour signifier le mouvement élémentaire de l'enfant. C'est le même verbe qu'emploie la Bible grecque en 2 S 6, 14, pour signifier la *danse* de David devant l'Arche d'Alliance. Marie est la nouvelle Arche d'Alliance, comme l'ange Gabriel le lui a fait comprendre, et le petit prophète en gestation semble bondir de joie à l'approche du Seigneur dont il va être le Précurseur. Le mot *dansa* est expressif et bien choisi pour signifier son tressaillement. La radiographie permet aujourd'hui de voir et de filmer les mouvements du petit enfant dans le sein de sa mère. Ce sont les premiers exercices de sa motricité en milieu aquatique, en état d'apesanteur : des mouvements heureux, spontanés, gratuits comme une danse.

Ainsi se réalise l'annonce faite au prêtre :

> — *Il sera rempli de l'Esprit Saint dès le sein de sa mère* (Lc 1, 15).

Et sa mère, elle aussi, est remplie de l'Esprit Saint. Par la venue de Jésus, la Pentecôte, qui avait commencé en Marie (Lc 1, 35), continue en Élisabeth et Jean Baptiste. L'enfant l'exprime à sa manière silencieuse et irrationnelle, par le mouvement que sa mère a bien senti, car ils ne font qu'un. Et Élisabeth elle-même, saisie par une motion intérieure, pousse « un grand cri », puis prononce l'éloge inspiré de Marie et de son Fils, le Seigneur. C'est la première prophétie du Nouveau Testament, la prophétie de la femme devance son mari encore muet :

Bénie es-tu entre les femmes,
et béni est le fruit de ton sein.
D'où m'échoit que vienne à moi la mère de mon Seigneur ?
Car vois-tu, dès que la voix de ta salutation a touché mes oreilles
l'enfant a dansé de joie en mon sein.
Heureuse es-tu d'avoir cru,
car elles s'accompliront,
les paroles qui t'ont été dites
de la part du Seigneur (Lc 1, 42-45).

Élisabeth reconnaît la première que Marie porte un enfant transcendant : *le Seigneur* Lui-même, elle loue *la mère du Seigneur, bénie entre les femmes*, source de joie pour son fils et pour elle. Sa louange prophétique de la foi de Marie contraste avec les paroles sévères de Gabriel (Lc 1, 30) sur le manque de foi de Zacharie, prêtre pourtant fidèle et juste, précisait bien le début du récit évangélique (1, 5-7).

La prophétie de Marie

Marie ne récuse pas l'éloge, mais elle ne s'y arrête pas. Elle aussi est saisie par l'Esprit Saint, elle prophétise à son tour. C'est la seconde prophétie du Nouveau Testament. Elle est également féminine. C'est un duo. Marie renvoie au Seigneur seul toute gloire. Elle sait que la bénédiction d'Élisabeth *(Bénie es-tu entre les femmes)* deviendra celle des siècles : *Désormais toutes les générations me diront bienheureuse* (1, 48). Mais cela *vient de Dieu seul* et la gloire en revient à Dieu seul, dont la grâce va rétablir la justice pour les pauvres et secourir Israël son serviteur.

Marie, imprégnée des psaumes, reprend le cantique d'Anne, la mère de Samuel, mais l'enrichit de l'événement qui vient de lui être annoncé. Elle improvise, sous l'action de l'Esprit Saint qu'elle a reçu (Lc 1, 35) le plus beau, le plus simple, le plus limpide des psaumes[1] : il exprime l'expérience et l'âme de Marie, où tout est adoration, action de grâces. La jeune fille que Dieu a promue Mère du Messie (c'est-à-dire du Roi par excellence), bien plus : *Mère du Seigneur* (Lc 1, 43), ne se targue pas de ce titre glorieux. Elle se qualifie seulement de *servante* et pauvre, et ne sépare pas sa grâce de celle de son peuple :

Mon âme exalte le Seigneur
Et mon esprit exulte en Dieu mon Sauveur,
Car il a regardé la pauvreté de sa servante.

1. Cf. mon livre, *Magnificat*, éd. Desclée de Brouwer, 1991.

Désormais toutes les générations
me diront heureuse,
Car le Puissant a fait pour moi
de grandes choses,
Saint est son Nom.
Et sa miséricorde [s'étend]
de génération en génération,
Sur ceux qui le craignent.
Il a déployé la force de son bras.
Il a dispersé les orgueilleux
par les pensées [mêmes] de leur cœur.
Il a déposé les puissants de leur trône
et élevé les humbles.
Il a secouru Israël son serviteur
se souvenant de sa miséricorde,
Comme il l'avait dit à nos pères :
Abraham et sa descendance à jamais
(Lc 1, 46-56).

Mystère joyeux

La Visitation est devenue le deuxième mystère joyeux. C'est la seconde Pentecôte (la seconde effusion de l'Esprit Saint) du Nouveau Testament.

C'est la première communication du Christ : venu discrètement en Marie seule, il diffuse sa grâce à son Précurseur.

L'iconographie dépeint l'embrassement des deux femmes, elle les soude étroitement. Par l'effusion de l'Esprit, elles ne font plus qu'un avec leurs deux enfants, encore invisibles en elles.

Ils sont encore dans la nuit utérine, une nuit totale, mais chaleureuse, leurs yeux ne sont pas encore

« Béni est le fruit de ton sein. »
La rencontre et l'embrassement des deux mères impliquent leurs enfants : Précurseur et Dieu Sauveur.

formés et ne seraient pas encore capables de voir. Mais depuis un mois et demi, le petit Jean Baptiste a reçu, comme tout bébé, sa première ouverture au monde, par l'oreille : ses premières perceptions auditives stimulent le tout premier éveil d'une conscience encore très élémentaire. Depuis un mois et demi, il entend battre le cœur de sa mère et perçoit le rythme de sa respiration dans le milieu vivant dont il fait partie. Il entend sa voix filtrée, réduite aux aigus : lointaine et proche : intime. Qu'a-t-il pu entendre de la voix de Marie, plus filtrée encore ? Sans doute quelque chose, puisque sa mère a si intensément vibré à cette voix.

Toujours est-il que la grâce promise à Zacharie est venue au rendez-vous de cette rencontre. La mère elle-même interprète le mouvement de l'enfant comme l'expression d'un bonheur : *L'enfant a dansé de joie en mon sein* (Lc 1, 44). Et la tradition l'a interprété comme une sorte de baptême avant terme. Jean Baptiste a été libéré du péché originel, *rempli de l'Esprit Saint* (1, 15) et d'une grâce prévenante. Ainsi l'Église fête-t-elle sa naissance : celle d'un enfant déjà libéré du péché originel.

Quant à son tressaillement, c'est sa première expression prophétique : un acte qui devance sa parole de prophète. C'est une protoprophétie, sans langage humain, irrationnelle, non parce qu'elle serait un défi à la raison, mais parce qu'elle est le langage de Dieu, selon la Sagesse de Dieu et non des hommes. C'est pourquoi les prophètes sont combattus par les hommes. Jean Baptiste le sera. Le premier événement de sa vie confond déjà la sagesse des sages. Le prêtre muet n'en a rien perçu, mais la mère l'exprime intensément. Celui qui deviendra l'austère prophète de la pénitence commence sa carrière par une danse joyeuse, qui le projette loin en avant, au-delà des mots. Son mouvement, son élan, sa détente d'enfant libéré du péché originel n'est pas en dessous, mais au-dessus de la raison. Elle procède d'une raison plus haute. Sa danse n'est pas infra-, mais suprarationnelle. L'Évangile l'interprète comme son premier témoignage de Précurseur à la visite de Jésus : son cousin et son Dieu.

Les prophètes parlent souvent par des actes et des signes, en deçà des paroles. Ainsi commença Jean Baptiste.

L'Évangile s'ouvre sur cette histoire de femmes et le mystère du sein maternel. C'est par là que l'Esprit Saint a commencé. Cela paraît bien méprisable aux intellos et aux savants, qui étudient ces textes avec les pinces de leurs outils scientifiques, avec des mécanismes de rejet pour leur dénier valeur et historicité.

C'est pourtant la vérité première de l'Évangile. Dieu était plus proche de ces femmes, sans doute illettrées, mais tout premiers prophètes du Nouveau Testament, que des scribes d'alors avec leur science livresque. Un théologien protestant chinois, le pasteur Chan-Seng Song l'a bien compris, en élaborant à partir de là, et de sa culture, une théologie fondamentale du sein maternel.

Ces deux femmes n'ont pas été des machines aveugles à faire des enfants, comme l'entendent les avorteurs et les intellectuels abstraits. Marie a dit oui à Dieu, oui à la vie, en connaissance de cause. Élisabeth aussi : un oui, venu de loin, chez cette femme stérile qu'on montrait du doigt, et qui cacha pudiquement sa honte par respect de Dieu, jusqu'à cette naissance inespérée.

L'iconographie a bien perçu la valeur de cette scène. Elle ne fait qu'une seule silhouette des deux femmes : la jeune et la vieille, dans leur communion profonde, toutes vouées à leurs enfants, porteurs de l'avenir du monde. C'est la première visite du Seigneur, et la première extension du Corps mystique : il avait été fondé entre le Christ et Marie, lorsqu'elle avait consenti à la venue de Jésus, son enfant et son Dieu. Cette libre union dans l'Esprit Saint s'étend à Élisabeth et Jean Baptiste, *remplis de l'Esprit Saint* à leur tour (Lc 1, 15 et 42), elle s'exprime par la voix de la mère et le mouvement de son enfant. Les prophéties des deux mères, les premières du Nouveau Testament, annoncent la Bonne Nouvelle et les Béatitudes : *Heureuse celle qui a cru* (Lc 1, 45), dit Élisabeth. *Mon âme exulte en Dieu mon Sauveur,* dit Marie (Lc 1, 47).

3
La naissance

Présence de Marie

Marie reste chez sa cousine *environ trois mois*, dit l'Évangile (Lc 1, 56). Cet *environ* invite à penser que la jeune cousine n'est point partie à la veille de la naissance (par pudeur, disait-on, anachroniquement, au siècle dernier), mais au lendemain de la circoncision. Vu la durée du voyage aller, qui demande bien une semaine, les *trois mois* du séjour la conduisaient normalement jusqu'au huitième jour : celui de la circoncision. Elle est repartie après la fête, indique ainsi l'évangéliste.

S'il mentionne les *trois mois* et le retour de Marie *juste après le Magnificat* et *avant la naissance*, c'est pour en finir avec le personnage, selon un processus qu'il reprendra pour Jean Baptiste au chapitre 3 : il y raconte son emprisonnement (3, 20), juste avant le baptême de Jésus qu'il n'a évidemment pas fait dans sa prison... et raconte le baptême sans reparler de Jean.

La jeune Myriam est donc là, pour trois mois,

dans la maison du prêtre, elle y apporte une animation à la fois sonore et profonde. Sa jeune voix secoue la poussière invétérée de la maison sénile. Elle et le Fils qu'elle porte continuent de rayonner discrètement la joie qui avait éclaté à la Visitation. Marie est active et prévenante. Sa présence serviable et priante, sa gentillesse, restent un cadeau du Ciel à cette maison, à l'ombre du prêtre muet, qui médite et jardine silencieusement. Les jours monotones s'étirent dans la paix.

Et voici la naissance. L'Évangile la raconte laconiquement :

> *Lorsque fut accompli pour Élisabeth le temps d'enfanter, elle engendra un fils, et ses voisins et parents comprirent que le Seigneur avait magnifié sa miséricorde pour elle, et ils s'en réjouissaient avec elle* (Lc 1, 57-58).

L'Annonce est devenue réalité. La joie du petit cosmonaute, sorti de la chaleureuse apesanteur du sein maternel, cherche sa route dans les pleurs qui fortifient ses poumons, et les cris où il essaie sa voix de futur prophète. Marie *magnifiait* (grec *megalunei*) le Seigneur dans son cantique et les parents du poupon inespéré se réjouissent, à leur tour, parce que le Seigneur a *magnifié* sa miséricorde envers Élisabeth. Selon le substrat hébreu, le mot *miséricorde*, qui figurait déjà dans le Magnificat, constitue une allusion au nom de Jean, qui signifie précisément cette miséricorde de Dieu.

Quant à la formule initiale (que les traductions escamotent) :

> *Lorsque fut accompli le temps...* (Lc 1, 57),

elle jalonne les chiffres qui vont de l'annonce à Zacharie à l'entrée du Seigneur dans son Temple (Ml 3, 11) : « accomplissement » et ultime sommet où le refrain est répété plus solennellement encore, par deux fois, en 2, 21-22 :

> *Quand fut accompli le huitième jour pour la circoncision...* (Lc 2, 21).
> *Quand fut accompli le jour de leur purification, ils le portèrent à Jérusalem pour le présenter au Seigneur* (2, 22).

Ainsi s'achèvent les 70 semaines[1] où va se réaliser la grande prophétie messianique de Daniel (9, 24).

1. Luc compte 6 mois (1, 20, 26 et 36), puis les 9 mois de la gestation de Marie : *Lorsque fut accompli le temps où elle devait enfanter* (2, 6), et les 40 jours prescrits pour la purification et la présentation, selon le Lévitique (12, 4).
Les mois hébreux étant de 30 jours, cela fait :
$6 \times 30 = 180$
$9 \times 30 = 270$
$+ \ 40$
$490 = 70 \times 7$ (70 semaines selon Dn 9, 24).
(R. LAURENTIN, *Les Évangiles de Noël*, Desclée, 1985, p. 78-79; 102-103.)

Le récit de la naissance était laconique et sans détail : un seul verset. Celui de la circoncision s'étend sur 21 versets. Car c'est là que va se manifester, ostensiblement, la miséricorde de Dieu. Elle va s'étendre enfin à Zacharie, le prêtre, toujours muet.

> *Et voici ce qui advint :*
> *Le huitième jour, ils vinrent pour circoncire l'enfant et ils l'appelaient du nom de son père : Zacharie. Mais sa mère prit la parole et dit :*
> *— Non, il s'appellera Jean !* (Jn 1, 59-60).

L'Évangile n'explique pas comment Élisabeth a su le nom prescrit. Mais il n'y a là rien de mystérieux. Le prêtre muet savait écrire, il avait pu l'informer.

La décision d'Élisabeth heurtait les usages. Ils objectèrent.

> *— Mais personne dans ta famille ne porte ce nom-là.*
> *Et on demandait à son père* par signes *comment il voulait qu'on l'appelle* (Lc 1, 61-62).

Cette communication *par signes* étonne. Zacharie était muet. Rien ne nous a dit jusqu'ici qu'il était sourd. S'agit-il d'une maladresse de rédaction ou d'un supplément d'information inattendu ? Là-dessus, Zacharie

> *demande une tablette et il y écrit ces mots :*

— Son nom est Jean.
Et tous furent étonnés. Alors sa bouche s'ouvrit soudain, et sa langue fut libérée. Il parlait et bénissait Dieu. [...] *Il fut rempli de l'Esprit Saint et prophétisa.*

Naissance de Jean Baptiste. Selon l'iconographe Marie y était.

Le troisième prophète

C'est après sa femme et son fils que Zacharie reçoit l'effusion de l'Esprit : la grâce de Pentecôte. Il devient ainsi le troisième prophète du Nouveau Testament, après Élisabeth et Marie : le quatrième si on prend en compte la danse prophétique de Jean Baptiste, en avance sur son père.

Son cantique comporte deux parties.

La première est un écho du Cantique de Marie : un écho plus savant, plus pesant, mais il reprend le même thème et les mêmes termes. D'avance il remercie Dieu pour le *Salut* qui va déferler en *Israël* pour accomplir le « Serment juré à Abraham », père du peuple des croyants, qu'il resitue dans la longue lignée séculaire des *saints prophètes* :

*Béni soit le Seigneur Dieu d'*Israël
Car il a visité son peuple et fait [sa] rédemption
Il a suscité une puissance de Salut
dans la maison de David son serviteur,
selon qu'il avait annoncé
par la bouche de ses saints prophètes, depuis des siècles *:*
Salut *contre nos ennemis*
et contre la main de tous ceux qui nous haïssent,
pour faire miséricorde *à nos pères,*
et se souvenir *de son Alliance sainte,*
du serment *qu'il a juré à Abraham notre père*
de nous accorder pour que, sans crainte,
délivrés de la main de nos ennemis,
nous l'adorions en sainteté et justice,
devant lui tout au long de nos jours.

Comme le *Magnificat*, la première partie du *Benedictus* fait allusion aux noms des trois personnages de sa famille :

— Pour faire MISÉRICORDE à nos pères (c'est la racine du nom de Jean Baptiste : *Yeho Hanan*, Yahvé a fait *miséricorde*) ;

— et SE SOUVENIR de son Alliance sainte (c'est

le nom de Zacharie, car Zacharie signifie : se souvenir) ;

— du SERMENT qu'il a JURÉ à nos pères (*serment* et *jurer* reprennent avec emphase et redondance le nom d'Élisabeth qui signifie : Dieu a *juré* racine sabaḥ, Il a fait *serment* : le serment de l'Alliance).

A la différence de Marie dont il prolonge les thèmes, le prêtre parle en longues phrases qui s'enchaînent en cascade. Mais c'est bien la même action de grâce, pour le même événement initial du Salut.

Après cela, Zacharie, saisi d'un souffle prophétique plus personnel et plus limpide, évoque l'avenir de son fils, dont la mission lui a été révélée durant son service au Temple :

Et toi, petit enfant,
tu seras appelé prophète du Très-Haut,
car tu marcheras devant le Seigneur,
pour préparer ses chemins,
pour donner connaissance du Salut à son peuple,
par la rémission de ses péchés,
par les entrailles de miséricorde de notre Dieu,
en qui va nous visiter l'astre d'En-haut,
pour éclairer ceux qui étaient assis dans les ténèbres et l'ombre de la mort,
pour diriger nos pas, vers un chemin de paix.

La prédiction commence de manière limpide par un écho des paroles de l'annonce (reprises de Ml 3, 23) :

L'enfant marchera devant Lui,
avec l'esprit et la puissance d'Élie (1, 17).

Ces mots désignaient Jean comme un prophète, successeur d'Élie. Zacharie explicite ce mot *prophète*. Le prêtre évoque la mission de précurseur dans les mêmes termes mystérieux et enveloppés.

> Il *marchera* devant *Lui*, annonçait l'ange (Lc 1, 17).
> Tu *marcheras* devant *le Seigneur*, répète Zacharie (1, 76).

C'est bien devant le Seigneur que Jean Baptiste va marcher, mais le Seigneur *Jésus*, Dieu incarné, pour préparer ses chemins. Zacharie chante déjà la mission du Précurseur, en termes encore généraux, car elle sera une aventure bien inattendue : le Salut. Ce mot est revenu trois fois dans le cantique, en écho à Marie, qui commençait en évoquant *Dieu mon Sauveur*, ou : *mon Jésus*, comme traduit saint Jérôme en Ha 3, 18 : source de Lc 1, 48.

> *Alors la crainte s'empara de tous leurs voisins et, dans la montagne de Judée, on s'entretenait de ces paroles-événements et tous ceux qui les entendirent les gardèrent dans leur cœur en disant : Que sera donc cet enfant ?* (Lc 1, 65-66).

Luc mentionne ici les *témoins oculaires* (Lc 1, 2) sur lesquels il fonde son récit. « Voisins » et parents étaient loin de tout savoir de l'événement, mais l'aventure de Zacharie au Temple, son mutisme et sa soudaine guérison, leur font augurer de grandes choses pour l'avenir de cet enfant dont l'ange avait dit : *Il sera grand devant le Seigneur* (1, 15).

4
L'enfance

Que fut l'enfance de Jean Baptiste ? Quels furent ses rapports avec son petit cousin Jésus ? Ils devaient se voir au moins lors du pèlerinage annuel de la Sainte Famille à Jérusalem. Jouaient-ils ensemble ? Rien ne donne réponse à ces questions, sinon l'imagination des peintres.

Un enfant dans le désert ? (Lc 1, 80)

La jeunesse de Jean Baptiste est racontée en un seul verset :

> *Quant à l'enfant, il grandissait*
> *et son esprit se fortifiait*
> *Et il était dans les déserts*
> *jusqu'au jour de sa manifestation à Israël*
> (Lc 1, 80).

Ce raccourci est déroutant. Jean Baptiste a-t-il habité le désert dès l'enfance ?

Les deux cousins jouent-ils ensemble ? Seule l'imagination des peintres répond à la question.

Les Esséniens : apparentés à Jean Baptiste, mais différents

Les Esséniens étaient, au temps de Jean Baptiste et du Christ, un groupe monastique important qui a laissé des traces dans l'histoire profane.

Témoignages historiques

Philon d'Alexandrie (c −20 - +40) déclare :

Ils sont au nombre de 4 000. Leur nom [...] *désigne selon moi la sainteté, car ils sont* [...] *des serviteurs de Dieu, n'immolant pas d'animaux, mais s'efforçant de rendre leurs pensées vraiment dignes d'hommes consacrés au sacerdoce* (Œuvres 4, p. 75).

On ne trouve aucun esclave chez eux, tous sont libres et s'entraînent mutuellement.

Des sciences, ils ne cultivent que ce qui regarde l'existence de Dieu et l'origine de l'univers, mais ils l'appliquent fortement à la morale, prenant constamment pour guide les lois de leurs ancêtres, que l'esprit humain n'aurait pu concevoir sans l'inspiration de Dieu. Ils les étudient en tous temps, mais surtout le septième jour, [...] *tenu pour sacré, ils s'y abstiennent de tout travail et se rendent dans les lieux saints appelés synagogues.* [...] *On y enseigne la piété, la sainteté, la vie de famille, la vie civique, la connaissance des actes bons, mauvais ou indifférents* (Ibid. 6, 79-83).

Philon admirait chez eux la communauté de biens, la charité. Il connaissait aussi leur « abstinence complète de viande et rejet du mariage », dans son *Apologie des Juifs* (ouvrage perdu, cité par Eusèbe).

Pline l'Ancien (23-79 après Jésus-Christ) les décrit ainsi dans son *Histoire naturelle :*

A l'ouest [de la mer Morte] *sont établis les Esséniens à distance suffisante du rivage pour n'en pas être incommodés* [1 kilomètre de la rive nord-ouest, 12 kilomètres au sud de Jéricho]. *Ce sont des gens solitaires et singuliers* [...]. *Ils n'ont pas de femmes. Ils ont renoncé à l'amour et vivent dans la compagnie des palmiers. Leur groupe se recrute grâce à l'arrivée de nouveaux adhérents. La foule est grande de ceux qui sont attirés chez eux par le dégoût de la vie ou les aléas de la fortune* (Histoire naturelle 5, 17).

Pline leur attribue une antiquité millénaire. Mais à tort.

Flavius Josèphe (37-100/110) qui les a fréquentés donne un témoignage convergent :

Hommes de race juive, ils se portent les uns aux autres plus de charité que quiconque. Ils se détournent des plaisirs comme d'une infamie et regardent comme des vertus la modération et le détachement des passions. Ils dédaignent de se marier. Ils adoptent les enfants des autres. A un âge où ceux-ci restent perméables aux enseignements, ils les traitent comme les leurs et les forment à leurs propres mœurs. Sans exclure le mariage et sa postérité, ils se méfient de la légèreté des femmes, et sont persuadés qu'aucune d'entre elles ne garde fidélité à un seul homme.

Ils méprisent la richesse et pratiquent la communauté de biens. [...] *Ceux qui entrent dans le groupe remettent leur fortune à l'ordre, de sorte qu'il n'y a chez eux ni pauvres ni riches. Ils n'ont plus qu'un patrimoine commun, comme s'ils étaient frères.*

La découverte de Qumran (1947)

La connaissance des Esséniens a été profondément renouvelée par la découverte, en 1947, des restes de leur monastère, de leur bibliothèque où plus de cent manuscrits ont été conservés. Le monastère, proche de la mer Morte, avait été construit sous Jean Hyrcan, entre 135 et 194 avant Jésus-Christ, durant la période maccabéenne. Il fut endommagé par un violent tremblement de terre en 31 avant Jésus-Christ, réoccupé dans les premières années de l'ère chrétienne et finalement détruit par les légionnaires romains en 68 après Jésus-Christ. Avant cette catastrophe qui mit fin à leur communauté, les moines esséniens prirent soin de cacher leurs précieux manuscrits dans des grottes où un berger les découvrit en 1947.

On y a trouvé notamment leur *Manuel de discipline*, des prières et de nombreux fragments bibliques : ceux-ci confirment l'authenticité du texte hébreu dont on ne possédait pas de manuscrits antérieurs au Moyen Age. On a retrouvé aussi leurs livres de prière et des commentaires bibliques comme leur *Pesher d'Habacuc*.

Jean Baptiste, qui fréquenta le même désert, à une dizaine de kilomètres de distance, ne pouvait les ignorer. Il leur était apparenté par l'ascèse, le célibat, l'attachement à Dieu et à la Bible, la perspective apocalyptique, mais sa vie solitaire, son prophétisme, le différencient profondément. Guidé par l'Esprit Saint, il mena une mission qui lui est propre et qu'ont bien caractérisée les Évangiles. Le souci historique d'expliquer le christianisme par le milieu ambiant ne doit pas nous faire majorer les intéressantes analogies découvertes, ni minimiser l'originalité de cette figure unique et fondatrice. Son baptême de conversion était fort différent des ablutions lustrales de Qumran. Il apparaît rétrospectivement comme une préparation au baptême de Jésus, qui l'assuma et l'accomplit de manière transcendante.

Fut-il un moine de Qumran ?

La découverte des documents de Qumran a inspiré à Brownlee (1955) l'hypothèse suivante, reprise par Daniélou, en 1964[1] : Zacharie, proche de la communauté des fils de Sadoc, située dans le désert près de la mer Morte, leur aurait confié l'enfant. Selon Flavius Josèphe, en effet, ces moines sans progéniture

> *adoptaient les enfants des autres, à l'âge où l'esprit encore tendre se pénètre facilement de leur enseignement* (Guerre juive 2, 120).

L'étrange verset final (Lc 1, 80) aurait alors un sens obvie. Jean aurait réellement vécu son enfance dans la communauté de Qumran, au nord-ouest de la mer Morte. Sa carrière prophétique serait née dans la fervente atmosphère de ce monastère. Au temps où l'on tendait à ramener tout l'Évangile et Jésus-Christ lui-même à Qumran, cette hypothèse prit des formes de roman.

On en est revenu aujourd'hui.

Il y a certes des ressemblances entre Jean Baptiste et Qumran : exode au désert, perspective eschatologique, zèle pour la conversion, ablutions rituelles, rémission des péchés, référence à l'Esprit Saint. Mais il ne faut pas les exagérer, car les différences sont grandes pas à pas ; et les ressemblances tiennent aux communes sources bibliques de Qumran et de Jean Baptiste[2].

1. Voir bibliographie, p. 134.
2. Au premier plan, Is 40, 3, cité par la secte sadocite en 1 QS 8, 12-15 et par le Précurseur en Jn 1, 23 ; cf. Lc 3, 4-6.

Jean semble avoir été un moment voisin de la mer Morte. Il n'ignorait pas Qumran et en a subi au moins l'influence diffuse. Mais les différences et contrastes éclatent dès que l'examen se précise.

Selon Walter Wink, le meilleur spécialiste actuel de Jean Baptiste, les différences l'emportent sur les ressemblances :

Jean était un solitaire et ne fonda point de communauté organique.

C'était un homme public, et non un reclus.

Il parlait au peuple en prophète et non en fondateur d'une communauté rituelle.

Il était mobile, dans les déserts relatifs, proches de la mer Morte, à Béthanie, sans doute à l'est du Jourdain, puis à Aenon près de Salim (Jn 3, 23), une douzaine de kilomètres au sud de Scythopolis, ou plus probablement cinq kilomètres à l'est de Sichem en Samarie[3].

Il n'avait point fondé de monastère, et n'était lié à aucune règle ou communauté connue.

Son baptême était donné une fois pour toutes et non renouvelable chaque jour, car c'était un baptême pour le Salut éternel dans les derniers temps, et non un baptême rituel de pureté comme celui de Qumran.

Il ne demandait pas un long noviciat à ses convertis et ne les astreignait pas à de minutieux règlements, mais à des consignes simples de justice, pour leur vie de publicains ou de soldats (Mc 3, 13-14).

Il était vêtu de poils de chameau et non de lin.

A supposer que le Précurseur ait appartenu un

3. Selon Charles H.H. Scobie, *John the Baptist*, Philadelphie, 1964, p. 164.

moment à la secte de Qumran (hypothèse fragile), ce que nous savons de lui ne pourrait être interprété que comme une rupture radicale avec ce groupe.

Prêtre ou prophète ?

Comment peut-on se représenter l'enfance et la jeunesse de Jean Baptiste, entre sa circoncision et sa mission publique de précurseur, évoquée par l'Évangile ?

Le petit Jean Baptiste, élevé dans une famille sacerdotale, était destiné à devenir prêtre. Et il est curieux qu'aucun apocryphe n'ait illustré cette enfance dans le cadre inspirant du temple, comme le protévangile (milieu du IIe siècle) raconte l'enfance de Marie dans le Saint des saints, où elle était « nourrie de la main des anges ».

La vie quotidienne de Jean se laisse reconstituer ainsi :

Élevé dans la maison d'un prêtre, auréolé de jeûne et de prière, l'enfant, sanctifié dès le sein de sa mère, était sans doute pieux, contemplatif, point bavard, fort et passablement concentré, mais soumis à ses parents. Il semblait devoir entrer sans problème dans la filière *sacerdotale*.

Mais sa mission *prophétique* radicale, annoncée d'En-haut, l'entraîne loin du Temple, dès sa jeunesse, sans qu'on puisse préciser l'âge et les modalités de cette rupture. Et c'est ainsi qu'avant la trentaine (avant l'an 27) et peut-être beaucoup plus tôt, il part pour une vie de prière solitaire d'où l'Esprit Saint le fera sortir, pour sa mission publique de Précurseur.

Ce qu'il faut retenir du verset énigmatique de Lc 1, 80, c'est l'appel du désert et de la solitude qui saisit Jean dès sa jeunesse, quel que soit l'âge. Jean se situe dans le droit fil de la tradition biblique : c'est au désert que Dieu s'est révélé à Moïse : du buisson ardent — « au-delà du désert » (Ex 3, 1) — au Sinaï. C'est pendant les 40 années au désert que Dieu a formé son peuple, c'est là qu'il veut ramener ce peuple, personnifié sous les traits d'une épouse infidèle que Dieu veut reconquérir :

Je vais la séduire
la conduire au désert
pour lui parler au cœur (Os 2, 16).

C'est à l'imitation de Jean Baptiste que saint Antoine (251-356 : il vécut 105 ans) s'enfonça au désert et y fut suivi par une foule d'ascètes : « les Pères du désert », inventeurs de la vie monastique chrétienne. L'appel du désert n'a cessé de retentir, depuis lors, jusqu'à Psichari, au Père de Foucault et à bien d'autres jusqu'à ce jour. L'abbé Pierre est allé célébrer ses 80 ans au désert : lieu inspirant.

Qu'inspire donc le désert ? Loin des séductions du monde, il réfère à Dieu seul. Dans un climat d'ascèse et de dépouillement, il fait rêver d'eau vive et de baptême. Il entraîne vers l'avenir : il inspire les apocalypses et l'eschatologie qui est une des dimensions de la vie mystique.

A travers ces textes bibliques et cette longue expérience d'Église jusqu'à nos jours, on devine l'attrait qui conduisit Jean Baptiste au désert, et ce, dès sa jeunesse. Jésus l'y suivit pour ses 40 jours de jeûne, avant de se présenter au Précurseur pour le baptême inaugural de son œuvre salvifique. Ascèse et désert ne sont pas un vain mot.

Qu'est-ce qui attirait Jean Baptiste au désert ? Ce n'est pas le sable, et l'aridité, la solitude et les sauterelles. Son tempérament ardent était aussi sociable, solidaire, amical, et capable de rencontres. Il va bientôt le manifester.

Le désert était pour lui la route abrupte vers Dieu transcendant. Avant saint Antoine, qui l'imitera deux siècles et demi plus tard, il ressent la nécessité d'un dépouillement, d'une séparation, d'une privation radicale pour se vouer à Dieu seul. Car Dieu est tout. Ainsi abandonna-t-il son avenir assuré dans la caste sacerdotale : les collines fertiles de son village, la maison de ses parents, avec sa vigne et son figuier, dont il aimait les fruits, et qu'il avait appris à tailler.

L'attrait de Dieu lui procura sans doute des heures de prière profonde, sinon exaltante, mais plus souvent une sécheresse désertique et solitaire, dans la nuit. A ces moments-là, sa plus grande évidence était sa folie et le désir de revenir à une existence plus normale, plus humaine, toujours au service de Dieu.

Mais en même temps, quelque chose de profond se formait en lui, au-delà de sa conscience plongée dans la nuit de la foi : une lucidité vigilante et ardente le projetait vers l'avenir de Dieu en ce bas monde. Cet avenir, il le voyait très loin, mais en même temps très proche, *comme Dieu même* : c'était le jugement de Dieu, le rétablissement de toute justice : un feu d'amour détruisant le péché et embrasant les cœurs.

C'est ce qu'exprimera sa parabole de la bale brûlée et du blé engrangé (Lc 3, 15-18). Car son modeste baptême d'eau va déboucher sur un baptême de feu. Voilà ce qu'apportera le Prophète transcendant qu'il attend : un juge, un Messie, identifié à Dieu même :

> *Je ne suis pas digne de délier les lacets de sa sandale,* conclut-il.

Peut-être arrivait-il à Jean Baptiste d'aider un visiteur de haut rang (social ou spirituel) à enlever ses chaussures avant de s'immerger dans l'eau du Jourdain ou des sources d'Aenon. Mais Celui que l'Esprit Saint lui faisait entrevoir, Jean se sentait indigne de lui rendre même ce très humble service (Jn 1, 26).

Celui qui doit venir, Jean le sait proche, mais il n'a pas encore pour lui de visage. Ainsi répète-t-il :

> *Vous ne le connaissez pas* (Jn 1, 26).
> *Je ne le connaissais pas* (Jn 1, 32).

Il n'a pas compris que son visage serait celui de son cousin Jésus dont il connaissait seulement le côté humain, familial, amical, lorsque Jésus venait au pèlerinage annuel de Pâques à Jérusalem.

Ses discours sur l'Homme qui passera *devant* lui, parce qu'il était avant lui, gardent l'ambiguïté propre à toutes les vraies prophéties, y compris bibliques : Dans l'Ancien Testament, les unes annonçaient la venue du Messie et d'autres, celle de Dieu. Après coup seulement a-t-on pu comprendre : c'est le même (Jésus-Chris : *Dieu* et *homme*).

Jean a conscience de préparer la venue de Dieu

même : il est *la voix qui crie dans le désert pour préparer le chemin du Seigneur* (Jn 1, 23, référé à Is 40, 3, cf. ci-dessous, p. 54). Mais il prépare aussi la venue d'un Homme transcendant, préexistant : *avant moi il était* (Jn 1, 20), le Fils de l'homme dont le livre de Daniel (7) annonçait la venue sur les nuées du ciel ; mais il est venu par un chemin plus modeste : l'Incarnation.

L'ambiguïté (Dieu-ou-homme ? Dieu-et-homme ?) qui traverse les discours de Jean Baptiste, on la trouve déjà dans les textes qui annonçaient prophétiquement sa naissance et son avenir :

> *Il marchera devant* le Seigneur (Lc 1, 17).
> *Tu marcheras devant le* Seigneur, *pour préparer ses voies, pour donner à son peuple la connaissance du Salut* (Lc 1, 67).

Est-ce devant le *Messie* qu'il marche, ou devant le *Seigneur* lui-même (cf. Lc 1, 42) ? L'un et l'autre.

Les prophéties de son enfance annoncent Jean comme le précurseur à la fois du *Seigneur* et de *Jésus*, fils de Marie, *Mère du Seigneur* (Lc 1, 43) ; et c'est précisément lors de la Visitation, où Jésus a sanctifié Jean Baptiste dès le sein de sa mère, que Marie est qualifiée de *Mère du Seigneur*.

La théologie implicite et réelle, et prophétique, de l'Incarnation, habitait Jean dans le désert, comme elle habitait Marie, durant sa gestation, selon l'annonce de l'Ange. Ils ignoraient cette notion, mais pressentaient l'identité de Dieu et du Messie.

Il est des explications qui sonnent creux, lorsque le théologien perd le sens de la présence de Dieu. Et il est des intuitions peu explicites qui atteignent l'essentiel de Dieu et de son œuvre. C'est de ce côté que se situent Marie et Jean Baptiste : Marie dans son intimité maternelle avec Jésus ; et Jean, marqué de l'empreinte et du caractère du Christ dès le sein maternel.

Dira-t-on que ce discours est du rêve ? Je ne crois pas rêver. Non, je cherche à pénétrer, en deçà des *expressions* bibliques, *l'expérience* qui les inspire. En deçà du *Fiat* et du *Magnificat*, l'expérience de Marie. En deçà des paroles de Jean, que nous allons rapporter dans les chapitres suivants, son expérience de solitaire et de prophète inspiré.

Il ne saura l'exprimer qu'en symboles. Mais l'expression imagée que Dieu a préférée pour sa Révélation biblique n'est pas de l'infrarationnel, elle est suprarationnelle. Elle reste ambiguë, mais avec un dynamisme et une richesse qui dépassent l'expression abstraite. Il fallait donc capter la source des paroles de Jean : son expérience profonde, mûrie dans la nuit obscure et la communion intime avec Dieu. Il était débordé par cette richesse. Il a fallu les questions de ses disciples, celles des officiels, venus le visiter, pour qu'il s'arrache les mots de feu et de lumière que nous allons relire.

Jean est dépassé par sa propre expression. Il ne la domine pas. Car son élan va vers l'avenir de Dieu encore non dévoilé. Il le voit en bloc. Il perçoit très proche le jugement dernier qui va tout trier : brûler le mal et engranger le bien (Lc 3, 9 ; Mt 3, 11). Il voit déjà l'homme transcendant qui vient avec l'arme victorieuse du jugement définitif : Le fléau trie le grain et la bale.

Et pourtant, il a déjà compris que la venue victorieuse du Seigneur, dans l'humble condition d'homme, sera celle de victime : le nouvel *Agneau pascal* qui sera immolé. Et c'est cette autre vérité qui sort de sa bouche lorsqu'il rencontre, pour la première fois, Celui qu'il attendait et qui vient humblement recevoir le baptême :

— *Voici l'Agneau de Dieu* (Jn 1, 36).

Comment Dieu concilie-t-il tout cela : la transcendance et l'humilité de Jésus? La victoire et l'immolation? Ce secret ultime, Jean Baptiste l'a pressenti à travers son expérience contrastée, mais n'a pas su l'exprimer. C'est le secret de l'avenir et le secret de l'amour. Dieu venu dans l'humanité pécheresse, l'épouse dans un amour solidaire de toutes ses souffrances et de son péché même, qu'il a pris sur lui. Voilà ce qu'il faut comprendre pour pénétrer les paroles de feu du Précurseur.

5
La carrière du prophète

Ascèse

Voici donc le prêtre manqué, loin de son village, non sans déchirement pour ses parents, à moins que ceux-ci aient été déjà morts. Il est revenu aux sources d'Israël : le désert, où pendant 40 ans, le peuple fut conduit formé et quasi enfanté par Dieu (Nb 11, 12 ; Is 42, 14 ; 45, 10 ; 49, 15), dans un dépouillement radical et un abandon total.

Rempli de l'Esprit Saint dès le sein de sa mère (Lc 1, 15 et 41), Jean Baptiste a réinventé, de l'intérieur, une vie de prière et de pauvreté radicale. Il apprenait à vivre de rien dans une nature ingrate. Il portait une tunique rugueuse de poils de chameau (c'était peut-être traditionnellement la tenue des prophètes juifs selon Za 13, 4 ; cf. 2 R 1, 8 ; Mt 3, 4).

Son ascèse n'était pas masochisme, mais dépouillement pour l'expérience de Dieu seul. Sa sobriété radicale n'anéantissait pas sa robuste nature, mais éveillait en lui les ressources profondes : lucidité, vigueur et paix, malgré les épreuves supportées et les tentations que Satan ne lui ménageait pas plus qu'à Jésus au désert. Il dormait du sommeil du juste dans son unique vêtement, dans le climat plus accablant de chaleur que de froidure, réveillé parfois par les intrusions des bêtes grosses ou petites, et les cauchemars éveillés par la souffrance ou par l'adversaire de l'ombre.

De désert en sources

Il n'était pas installé. Il allait d'un lieu à un autre, voyageur sans bagage. Le désert *(erêmos)* attaché au nom de Jean Baptiste était bien une étendue de sable, au nord-ouest de la mer Morte, près de Qumran, mais pouvait être aussi une forêt « sauvage » (Mt 3, 1), un lieu non habité et non cultivé : ce qu'on appelle en hébreu *midbar,* lorsqu'il se fixa plus tard près des sources d'Aenon. Saint Jérôme traduit assez justement le mot hébreu au sens large, comme *solitude*. Le Nouveau Testament appelle « désert » les lieux incultes où les bergers allaient faire paître leurs troupeaux, comme font jusqu'à nos jours, les pâtres de montagne. Ainsi sont appelés les lieux où le Bon Pasteur va chercher la brebis perdue (Lc 15, 4) et les espaces tranquilles où les foules suivaient Jésus qui dut les secourir par la multiplication des pains (Mc 6, 35).

« Le désert de Judée » dont parle Matthieu 3, 1 désigne les alentours de la mer Morte. Jean baptisait au bord du Jourdain, un peu avant son embouchure dans ce lac hypersalé. Mais il n'avait pas de lieu fixe. Il baptisa aussi à Béthanie, à l'est du Jourdain

La Palestine au temps de Jean Baptiste

Au temps de la prédication du Baptiste, la Palestine, qui comptait environ un million d'habitants, était annexée à l'immense empire de Rome, qui s'étendait de la Mauritanie à la Perse, et de la Bretagne à l'Égypte. Mais cette contrée minuscule était au carrefour des routes entre Orient et Occident, et les trois quarts des Juifs (3 millions environ) étaient en diaspora dans les grandes villes de l'empire : environ 50 000 à Rome sur 800 000 habitants. Ils occupaient une place importante par leur culture et leur habileté commerciale, mais suscitaient déjà un certain antisémitisme.

L'indomptable Palestine restait un problème pour l'empire. En 63 avant Jésus-Christ, Pompée avait conquis Jérusalem par la force et 12 000 Juifs avaient péri.

De 37 à 4 avant Jésus-Christ, l'Iduméen Hérode le Grand avait su constituer un royaume jouissant de quelque autonomie, sous le protectorat d'Antoine, puis d'Auguste. Mais sa succession avait été dramatique. Une révolte éclata et fut matée par Varus en 6 après Jésus-Christ. La Judée et la Samarie devinrent une province impériale soumise au pouvoir d'un procurateur romain. La capitale en était Césarée. Mais Hérode Antipas, l'un des fils d'Hérode le Grand, conserva la tétrarchie de Galilée et de Pérée ; son frère Philippe, les territoires situés à l'est du lac de Galilée et du Jourdain (le Djebel druse actuel). L'opposition religieuse et culturelle aux Romains suscitait une perpétuelle rébellion. C'était un point chaud de l'empire. Jean, comme après lui Jésus, était étranger à ces mouvements politiques comme l'étaient aussi les Esséniens.

Le temple de Jérusalem, restauré par Hérode, était le seul lieu de culte en Israël et le haut lieu de l'enseignement. Le sanhédrin ou Conseil des Anciens le gouvernait sous la présidence du grand prêtre. Les sadducéens, prédominants dans le haut clergé, collaboraient avec Rome et n'aimaient pas les agitateurs zélotes.

Les pharisiens cultivaient une interprétation rigoureuse et généreuse de la Loi. Ils avaient une grande influence près des petites gens. Steimman a comparé leur rôle à celui des Frères musulmans dans l'islam d'aujourd'hui, mais ce n'est là qu'une analogie lointaine. Ils étaient souvent puritains, mais non fanatiques.

Les Esséniens étaient un vaste courant religieux, estimé à 3 000 ou 4 000 personnes d'une grande ferveur.

Les Samaritains formaient une communauté schismatique marginale et mal vue des juifs orthodoxes.

(Jn 1, 28 ; cf. 10, 40) puis à Aenon près de Salim. Lagrange situait ce lieu à 8 miles au sud de Scythopolis aux sources de Waddel Kharran, dans l'ancienne Pérée qui était du ressort d'Hérode[1]. Boismard[2] la situe mieux 9 kilomètres au nord de « Salem », près de « Sichem », mentionné par Gn 33, 18-19 ; cf. Jn 4, 5 : « moins de 5 kilomètres de Sichem près de la modeste Naplouse », précise Boismard. « *Aenon* » veut dire Source. Jean baptisait donc aux « sources abondantes de Wadi Far'ah qui donnent naissance au seul cours d'eau qui descend des montagnes de Judée-Samarie vers la vallée du Jourdain. Cela répond bien à Jn 3, 23-36 qui situe la discussion avec les disciples de Jean Baptiste sur le baptême juste avant le passage de Jésus en Samarie, au puits de Jacob ; précisément le site indiqué par Gn 33, 18-19. D'où le consensus de Albright, P. Winter, J.A.T. Robinson et F.M. Abel.

Rayonnement

Comment Jean l'ermite devint-il un homme public ?

Cela commença par des rencontres occasionnelles. L'homme vêtu de poils de chameau et de peaux de

1. Selon Lagrange : « Nous ne sommes pas sur les bords du Jourdain, mais dans un endroit où les sources sont abondantes. La tradition, depuis Eusèbe, fixe sans hésiter le lieu d'Aenon à 8 miles de Scythopolis, au midi. En cet endroit, il y a un grand nombre de sources et le nom de *Salim* semble s'être conservé au *tell Sarem,* à environ cinq kilomètres au nord » (*Évangile selon saint Jean*, p. 92), Kraeling, p. 9.

2. M.-E. Boismard, *Synopse de l'évangile de Jean*, Paris, Le Cerf, 1977, p. 89.

bêtes n'était pas sauvage. Il accueillait les rares passants. Ses paroles touchèrent des cœurs, renouvelèrent des vies. Les convertis en parlèrent. La nouvelle se répandit de bouche à oreille. L'affluence vint. Le message prit forme de l'intérieur tel que nous le décrivent les Évangiles.

Le temps

Luc situe avec un grand luxe de repères le moment où le ministère de Jean s'organise et devient public (Lc 3, 1-2) :

> *L'an quinze du règne de Tibère César* [successeur d'Auguste sur le trône impérial de Rome],
> *Ponce Pilate étant gouverneur de la Judée* [devenue province romaine],
> *Hérode, tétrarque de la Galilée* [et non plus roi comme son père Hérode le Grand],
> *Philippe son frère, tétrarque du pays d'Iturée et de Trachonitide* [car Rome divisait pour régner]
> Lysanias tétrarque de l'Abilène,
> sous le sacerdoce d'Anne et Caïphe... [Anne, le grand prêtre, déposé en l'an 15 par le pouvoir, exerçait encore son influence sous le ministère de son successeur et gendre Caïphe Jn 18, 13-24 ; Ac 4, 6].

Tout cela nous situe vers l'an 28. Luc décrit ainsi l'événement :

La parole de Dieu fut adressée à Jean, fils de Zacharie, dans le désert. Il vint dans toute la région du Jourdain (Lc 3, 2-3).

Son expérience profonde et dépouillée de communion avec Dieu est devenue mission, éveil d'une parole qui convertit le cœur et invente le rite d'un nouveau baptême. Jean est donc passé de l'ascèse contemplative dans le désert de Judée, près de la mer Morte, au bord du fleuve propice au baptême, sans s'y fixer. Il changeait au hasard des besoins, des persécutions et des motions de l'Esprit : là où il y avait de l'eau, première contrepartie du désert où s'était creusée sa soif de Dieu.

Il proclamait un baptême de conversion pour le pardon des péchés, comme il est écrit au Livre des Oracles d'Isaïe le prophète :
— Voix de celui qui crie dans le désert :
Préparez le chemin du Seigneur,
Aplanissez ses sentiers[3]*,*
tout ravin sera comblé, toute montagne
et toute colline seront abaissées;
les passages tortueux seront redressés,
les chemins rocailleux aplanis,
et tous verront le Salut de Dieu [Isaïe 40, 3-5] (Lc 3, 6).

3. *La règle de Qumran* (8, 12-14) se réfère aussi à ce texte d'Isaïe, 40, 3-5 : Lorsque ces choses arriveront à la communauté d'Israël [...] qu'il s'éloigne de la cité des hommes pour aller dans le désert, afin d'y frayer la voie du Seigneur, comme il est écrit : Dans le désert, frayez le chemin du Seigneur, aplanissez dans la steppe un sentier à notre Dieu !

Mais la suite est un commentaire légaliste qui diffère de

Trois verbes reviennent dans les Évangiles pour caractériser l'action de Jean Baptiste : « il *prêche*, il *crie*, il *témoigne* ». L'intériorité silencieuse devient Parole. Il prophétise la venue du Seigneur et le retour à Lui sur des chemins aplanis. C'est sa mission spécifique de Précurseur.

Ici, Matthieu et Marc décrivent son vêtement :
— poils de chameau, selon Mt 3, 4;
— peau de chameau, selon Mc 1, 6;
— un pagne de peau autour de ses reins, selon Mt.

Un vêtement fruste, pauvre, élémentaire, dont nul grand couturier n'a fait le dessin : un minimum avec les moyens du bord.

Les deux évangélistes s'accordent sur sa nourriture : sauterelles et miel sauvage[4]. Ils manifestent l'ampleur du mouvement de foule.

> *Tous allaient vers lui :*
> *de Jérusalem et de toute la Judée,* dit Mt 3, 5;
> tout *le pays de Judée et* tous *les habitants de Jérusalem,* dit Marc 1, 5;
> *et tout le pays du Jourdain*, précise Mt 3, 5;
> *vers lui, ils s'en allaient pour recevoir le baptême dans les eaux du Jourdain, en confessant leurs péchés* (Mc 1, 5; cf. Mt 3, 6).

la voie prophétique de Jean : Il s'agit de l'étude de la Loi, prescrite par Moïse, pour qu'on agisse selon la Révélation en chaque temps et selon ce que les Prophètes ont révélé par son Esprit Saint.

4. *Le document de Damas* (12, 14-15) spécifie que les sauterelles devront être consommées soit ébouillantées, soit rôties.

Autre point de contact : Jean ne buvait *ni vin ni boisson fermentée* selon l'annonce faite à son père Zacharie (Lc 1, 15). Pareillement, les Esséniens de Qumran buvaient, non du vin, mais du *tirosh* : un jus de raisin non fermenté.

Mt 3, 7-10 et Lc 3, 7-9 précisent le ton sévère, radical, eschatologique, de son message aux foules qui venaient à lui. Il ne s'agissait pas d'une ablution automatique. Il interpellait sévèrement les arrivants (plus spécialement les gens en place : pharisiens et sadducéens, selon Mt 3, 7. Jésus reprendra ces reproches en 23, 1 et 33).

Engeance de vipères,
qui vous a suggéré
d'échapper à la colère prochaine
Faites donc de dignes conversions,
et n'allez pas dire en vous-mêmes :
— Nous avons pour père Abraham.
Car je vous le dis :
Des pierres que voici,
Dieu peut susciter des enfants à Abraham.
Déjà, la hache est prête à la racine des arbres.
Tout arbre donc qui ne produit pas de bons fruits va être coupé et jeté au feu (Lc 3, 7-9).

Luc a détaillé les avis particuliers de Jean à diverses catégories de pèlerins. Au-delà du message apocalyptique (la « colère » et « la hache »), Jean manifeste une sagesse compréhensive. Il ne demande pas la rupture avec ce bas monde. Il ne cherche point de recrues pour un monastère. Il invite chacun à vivre justice et sainteté dans l'état où il se trouve.

Des publicains aussi vinrent se faire baptiser,
ils lui dirent :
— Maître, que nous faut-il faire ?

« Ils s'en allaient tous vers lui… pour recevoir le baptême en confessant leurs péchés. »

Il leur répondait :
— N'exigez rien de plus que ce qui vous est fixé.
Des soldats aussi l'interrogeaient en disant :
— Et nous, que ferons-nous ?
Et il leur dit :
— Ne molestez personne; ne dénoncez pas faussement,
et contentez-vous de votre solde (Lc 3, 13-14).

Enquête en haut lieu

Cette affluence, ces conversions, préoccupent l'administration sacerdotale de Jérusalem :

> *Les Juifs* [ce terme désigne les chefs spirituels d'Israël comme en 2, 18 ; 5, 10-18 ; 7, 1, 13, 9, 22, etc.] *envoyèrent vers lui des prêtres et des lévites* (Jn 1, 19).

L'enquête n'est pas agressive ni piégée, comme elle sera pour Jésus (Mt 22). Elle est déférente, respectueuse. On envoie des prêtres, car Jean est un prêtre, fils de prêtre : pas un ouvrier de Galilée comme Jésus. Il est du sérail, et, à ce titre, il a du crédit. Qu'il ait renoncé au sacerdoce pour une voie plus rigoureuse, et qu'elle réussisse, impose le respect. Jean ne semble pas avoir eu de démêlés avec Jérusalem. Les envoyés lui demandent donc :

— Qui es-tu ?
Sans restriction, il déclare :
— Je ne suis pas le Messie.
Ils lui demandent :
— Alors, qui es-tu ? Es-tu Élie ?

Il répond :
— Je ne le suis pas.
— Es-tu le prophète ?
Et il répond :
— Non.

Jean balaie toutes les hypothèses que son message eschatologique suscitait dans les esprits. Était-il le prophète par excellence prédit par Moïse (Dt 18, 18). Était-il Élie, dont Malachie (3, 23) semblait annoncer le retour en ces termes :

> *Voici que je vous envoie le prophète Élie, avant que vienne le grand et terrible jour du Seigneur. Il réconciliera les pères aux enfants et les enfants aux pères* (Ml 3, 23-4, 4 selon certaines Bibles).

Déjà l'annonce faite à Zacharie, père de Jean Baptiste, présentait Jean comme l'accomplissement de cette prophétie, et voilà qu'il semble la récuser. Il n'est point une *réincarnation* d'Élie, mais il vient « avec l'*esprit* et la *puissance* d'Élie pour ramener le cœur des pères vers leurs enfants » (Lc 1, 17).

A bout d'hypothèses, les prêtres posent l'ultime question :

> *— Qui es-tu, que nous donnions réponse à ceux qui nous ont envoyés ? Que dis-tu de toi-même ?*
> *Il dit :*
> *— Je suis la voix de Celui qui crie dans le désert : Aplanissez le chemin du Seigneur, comme l'a dit le prophète Isaïe* (40, 3).

Il ne dit même pas : Je suis un prophète. Il n'est qu'un instrument tout relatif à Dieu. Il n'est que *la voix* de Dieu dans le désert. Il ne sait pas encore le dernier mot de son message eschatologique.

Cette réponse ne suffit pas aux envoyés méthodiques. Ils ont besoin de clarté. Que signifie ce nouveau baptême qui attire les foules ? Certes, beaucoup de rites et d'ablutions existaient alors[5] ; mais le baptême de pénitence du Précurseur tranche avec ceux de Qumran ou d'autres. Ceux qui les envoient sont des Pharisiens (gens particulièrement fervents, exigeants et généreux, pour l'obéissance à la Loi). Ils continuent à l'interroger en disant :

> *— Si tu n'es ni le Messie, ni Élie, ni le Prophète, pourquoi baptises-tu ?*
> *Jean leur répondit :*
> *— Moi je baptise dans l'eau.*
> *Mais au milieu de vous se tient Quelqu'un.*
> *Vous ne le connaissez pas.*
> *Il vient après moi*
> *Et je ne suis même pas digne*
> *de délier la courroie de sa sandale* (Jn 1, 24-27).

Eschatologie et apocalypse de Jean Baptiste

La prédication de Jean Baptiste, telle qu'elle est rapportée par les Évangiles, se situe dans le courant des apocalypses.

5. C. Perrot, *Jésus et l'Histoire*, Paris, Desclée, 1979, p. 95-136.

– Que ferons-nous ?
– N'exigez rien de trop… Ne molestez pas.

Ce mot grec signifie *révélation*, et désigne plus spécialement la Révélation des *derniers* temps. Les apocalypses sont donc généralement eschatologiques (du grec *eschatos*, dernier).

L'eschatologie de Jean est ambiguë : ce qui est généralement le cas, car lorsque l'esprit d'un prophète se projette vers le futur, il reçoit rarement la capacité de discerner les plans : l'avenir immédiat et l'avenir ultime. Il tend à les mélanger. Jean Baptiste semble n'avoir pas démêlé la proche eschatologie : la venue du Messie attendu par les prophètes, de l'ultime eschatologie : celle du Jugement dernier.

Dans le texte qui vient d'être cité, il révèle le Messie, qu'il ne connaît pas encore, mais qu'il attend, il invite à l'attendre. Et son discours est clair. Mais lorsqu'en Mt 3, 11 (qui sera cité au début du chapitre suivant), il décrit le Messie non seulement comme celui qui baptisera *dans l'Esprit Saint et le feu*, mais comme celui qui *tient le fléau*, symbole du jugement final, il anticipe l'avenir lointain du Jugement Dernier. Nous verrons comment il fut déconcerté de voir Jésus accueillant, modeste et persécuté, si différent du juge qui allait trier le blé avec son fléau et consumer la bale dans le feu inextinguible.

Encore une fois, il est normal que Jean n'ait pas su distinguer les plans d'avenir proche et lointain. Même les discours eschatologiques du Christ, tels qu'ils ont été retenus par les Apôtres, mélangent les plans : la fin de Jérusalem et la fin du monde. L'eschatologie et les apocalypses n'ont pas pour fonction de renseigner notre curiosité sur l'avenir, mais de porter plus loin notre regard myope ; et les discours apocalyptico-eschatologiques de Jean sont les meilleurs qui soient, car ils n'évoquent l'imminence du jugement que pour motiver la conversion et le changement profond de vie que Dieu attend. Quand il dit à ceux qui viennent chercher le baptême :

> *La hache est prête à la racine de l'arbre.*
> *Tout arbre qui ne produit pas de bons fruits*
> *va être coupé et jeté au feu* (Lc 3, 9),

l'évocation de l'avenir débouche sur l'urgence de changer sa vie, et, quels que soient les dédales de l'Histoire, tel est bien l'enjeu immédiat. Jean n'a pas été un rêveur apocalyptique, mais un prophète. Il a réajusté le regard des hommes de son temps vers l'avenir et l'urgence de Dieu.

6
Le Précurseur

L'Inconnu qu'il faut attendre

Ici, Jean Baptiste dévoile sa mission unique, spécifique. Il est le Précurseur. Luc nous rapporte ainsi la fin de son discours sur le Messie qu'il attend :

Celui-là vous baptisera
dans l'Esprit Saint et le feu.
Il tient en main la pelle à vanner
pour nettoyer son aire
et recueillir le blé dans son grenier;
mais la bale, il la consumera
au feu inextinguible! (Mt 3, 11).

Jean Baptiste oppose son message de pénitence à la mission puissante et décisive de Celui qui va ouvrir les derniers temps. Il oppose à son modeste baptême d'eau le baptême dans l'Esprit, envoyé par le Christ. Il ne précise pas que Jésus maintiendra un baptême d'eau, en lui donnant une nouvelle valeur. L'eau purificatrice et rafraîchissante achemine vers le feu : Dieu même, selon la symbolique constante de la mystique depuis Abraham et Moïse. Pascal exprimera son expérience brûlante de Dieu par ce seul mot : *Feu !* Le nouveau baptême dans l'Esprit qu'apportera Jésus-Christ ne sera plus seulement une préparation, par la contrition et l'ascèse, mais la puissante action adoptive de Dieu, qui élimine le péché et donne la grâce : c'est-à-dire la Vie divine. Mc 1, 7-8 ne parle que du baptême *dans l'Esprit Saint*. Mt 3, 11 et Lc 3, 16 ajoutent *et le feu* : expression imagée, apocalyptique. Qu'est-ce à dire ? L'Esprit Saint est l'amour du Père et du Fils. L'amour est incandescent. Ce baptême sera l'étape décisive vers l'accomplissement de l'amour à travers l'eschatologie et le Jugement dernier. La prédication première du Christ et son retour au jour du Jugement se confondent ici dans une même perspective, car le dessein éternel de Dieu est au-delà des vicissitudes de ce monde. Son plan domine les sentiers où nous marchons, dans les forêts d'ici-bas.

> *Par bien d'autres exhortations encore, il annonçait au peuple la Bonne Nouvelle,* conclut Lc 3, 18.

Le dévoilement

Le lendemain (continue Jn 1, 29), Jean Baptiste voit Jésus venir vers lui et il dit :

> — *Voici l'Agneau de Dieu, qui enlève le péché du monde* (1, 29).

Jean Baptiste voit dans Jésus l'agneau pascal, victime immolée pour la libération d'Israël. L'iden-

« Voici l'Agneau de Dieu qui enlève le péché du monde. »

tification était déjà suggérée par l'admirable prophétie du serviteur souffrant :

Yahvé a fait retomber sur lui
les crimes de nous tous
Affreusement traité, il s'humiliait
Il n'ouvrait pas la bouche.
Comme un agneau conduit à la boucherie
Comme devant les tondeurs
une brebis muette, il n'ouvrait pas la bouche...
Par ses souffrances,
mon serviteur justifiera des multitudes
en s'accablant lui-même de leurs fautes...
Parce qu'il s'est livré lui-même à la mort
et a été compté parmi les pécheurs
alors qu'il supportait les fautes des multitudes
et qu'il intercédait pour les pécheurs.
(Is 53, 7-12, cf. Ac 8, 32, 1 ; P 1, 18-19 et Ap 5, 6, 12; 12, 11 ; 13, 8, etc.)

Jésus est prédit comme l'agneau immolé, Jean Baptiste continue :

— C'est de lui que j'ai dit :
— Après moi vient un homme. Il était devant moi parce qu'avant moi Il était.
Moi-même je ne le connaissais pas.
Mais c'était pour sa manifestation à Israël
que je suis venu baptiser dans l'eau (Jn 1, 29-31).

Ce texte a fait couler beaucoup d'encre et d'objections. Jean *ne connaît pas* Jésus, qui est son cousin selon Lc 1, 36 ! Alors Luc se trompe ?

Non. Le quatrième Évangile parle ici comme souvent un langage spirituel. Jean Baptiste connaît son cousin, mais pas comme *Messie* ni comme *Seigneur*. Son personnage caché lui a été révélé durant sa longue ascèse au désert, mais le Messie n'avait pas encore pour lui un visage. Les prophéties sont toujours obscures avant réalisation.

Jean continue en révélant l'événement discret qui lui a dévoilé l'Inconnu. C'était dans les jours précédents :

> — *J'ai vu l'Esprit, tel une colombe*
> *descendre du ciel et demeurer sur lui.*
> *Je ne le connaissais pas,*
> *mais Celui qui m'a envoyé baptiser dans l'eau,*
> *c'est Lui qui m'a dit :*
> — *Celui sur lequel tu verras l'Esprit*
> *descendre et demeurer,*
> *c'est lui qui baptise dans l'Esprit Saint.*
> *Et moi j'ai vu et je l'atteste :*
> *C'est Lui, le Fils de Dieu* (Jn 1, 32-34).

Jean l'évangéliste rapporte les paroles de Jean Baptiste sur l'événement et son témoignage est particulièrement crédible, car il était disciple du Baptiste quand il a rencontré Jésus. C'était au moins 40 jours après le baptême à la suite duquel Jésus était parti au désert, pour y faire son long jeûne (Mt 4, 1-11 ; Mc 1, 12; Lc 4, 1, 13).

Baptême de Jésus

Jean l'évangéliste nous raconte les événements à travers les *paroles* de Jean Baptiste, témoin autorisé de l'événement. Les Évangiles synoptiques racontent le baptême lui-même, considéré dès l'origine

(Ac 1, 22) comme le point de départ de l'Évangile dont le terme est la Résurrection. C'est selon ces deux limites que Pierre a sélectionné le douzième apôtre : Matthias (Ac 1, 22-26). Telles seront aussi les deux bornes de l'enseignement chrétien.

Ici le troisième évangéliste nous déroute, car il raconte l'emprisonnement de Jean Baptiste 3, 19-20 *avant* le baptême de Jésus (3, 21-22). Si nous n'avions que son Évangile, nous ne saurions même pas *qui* a baptisé Jésus !

Wink[1] voit dans cette inversion des épisodes (emprisonnement avant le baptême) un « tour de force littéraire par lequel Luc tranche la section qui concerne Jésus », selon le schéma bien structuré qu'il énonce ainsi en 16, 16 :

> *La Loi et les Prophètes vont jusqu'à Jean ; depuis lors, la Bonne Nouvelle du Royaume de Dieu est annoncée, et tout homme déploie sa force pour y entrer.*

Voilà pourquoi Luc rapporterait le baptême sitôt après l'épisode de l'emprisonnement, sans mentionner le nom de Jean le Baptiste.

C'est donc par Matthieu et Marc (complémentaires) que nous connaissons cet épisode essentiel de la prédication évangélique.

> *En ces jours-là, Jésus vint de Nazareth en Galilée pour se faire baptiser par Jean dans le Jourdain. Jean voulut s'y opposer : C'est moi,*

1. P. 46. Voir Bibliographie.

« Celui-ci est mon Fils bien-aimé. »

disait-il, qui ai besoin d'être baptisé par toi, et c'est toi qui viens à moi !
Mais Jésus lui réplique :
— Laisse faire maintenant, car c'est ainsi qu'il nous convient d'accomplir toute justice.
Alors il le laisse faire.
Aussitôt baptisé, Jésus remonte de l'eau du Jourdain.
Et voici ce qui advint :
Les cieux s'ouvrirent,
et il vit l'Esprit de Dieu descendre comme une colombe et venir sur lui.
Et voici qu'une voix venant du ciel disait :
— Celui-ci est mon Fils bien-aimé, en qui j'ai mis toutes mes complaisances (Mt 3, 13-17 ; Mc 1, 9-11 ; cf. Lc 3, 21-22).

Cette théophanie (manifestation de Dieu) est le point de départ de l'Évangile. Comme presque toutes les théophanies, elle comporte deux signes corrélatifs :
— l'un visible, au-dessus, manifeste la transcendance de Dieu, manifestée en l'Esprit Saint, comme en Lc 1, 35 et Ac 1, 8 ; mais sous la forme modeste d'une colombe ;
— et l'autre, intime : la parole du Père identifie son Fils voilé, dans son humble incarnation terrestre. C'est la face immanente de la théophanie (Mt 3, 17).

L'Esprit n'est pas resté dans les hauteurs. *Il est descendu* sur Jésus, disent les évangélistes. Certains hérétiques du Ier siècle en avaient déduit que Jésus avait été divinisé au moment du baptême. Il n'en est rien, nous savons par la théophanie de l'Annonciation (Lc 1, 35) que la venue de l'Esprit avait déjà désigné Jésus comme *le Saint, le Fils du Très-Haut*.

Alors, que signifie cette descente de l'Esprit Saint lors du baptême ? Il prend possession de Jésus pour l'engager dans sa *mission* prophétique de Sauveur. Ce prophétisme divin ouvre une ère nouvelle : le Christ prend le relais humain de tous les prophètes de l'Ancien Testament, y compris Jean Baptiste : le dernier. Ainsi Jésus, investi d'En-haut, instaurera-t-il le baptême dans l'Esprit.

> *L'Esprit nous donne au Verbe,*
> *et le Verbe nous distribue l'Esprit,* écrit saint Irénée[2].

Le baptême de Jésus est un événement considérable, il marque la fin de la vie cachée : à la fois le dévoilement et l'entrée en action de Jésus. Ainsi s'accomplit la prophétie d'Isaïe annonçant un nouvel exode, une nouvelle libération du peuple captif :

> *Ah, si tu déchirais les cieux,*
> *et si tu descendais,*
> *devant ta face fondraient les monts* (Is 63, 19).

L'Esprit Saint est descendu sur la terre pour que Jésus se dévoile et accomplisse sa mission divine. Le Père l'a reconnu à la face du dernier des prophètes. Dieu se révèle dans son amour trinitaire dont la procession vient purifier et illuminer la terre.

2. Contre les hérésies, 4, 27.

7
Du Précurseur au Messie
Tension et ajustement de deux missions

Les disciples de Jean l'abandonnent pour Jésus

Revenons au curriculum de Jean, un peu bousculé par les évangélistes. Nous en étions restés à l'enquête des pharisiens sur sa mission.

Dès le lendemain, Jésus passe. Le premier chapitre du quatrième Évangile (1, 29-43) va de lendemain en lendemain, et finit par trois jours qui achèvent la semaine eschatologique (2,11). Jésus va manifester sa gloire par son premier miracle à Cana de Galilée. Ce miracle se situe comme un nouveau Sabbat au terme d'une semaine de sept jours.

Nous voici, d'abord au troisième :

> Le lendemain, *de nouveau, Jean se tenait là, avec deux de ses disciples. Il regarde Jésus qui passait et dit :*
> *— Voici l'Agneau de Dieu !*
> *Les deux disciples l'écoutèrent et suivirent Jésus.*

Jésus s'étant tourné et les ayant vu suivre, leur dit :
— Que cherchez-vous ?
Ils lui dirent :
— Rabbi (ce qui veut dire Maître), où demeures-tu ?
Il leur dit :
— Venez et voyez.
Ils vinrent donc, et ils virent où il demeurait, et ils demeurèrent près de lui ce jour-là. C'était environ la dixième heure.
André, le frère de Simon-Pierre, était l'un des deux qui avaient entendu Jean et l'avaient suivi (Jn 1, 35-40).

Ici, Jean Baptiste disparaît du récit évangélique, en perdant deux disciples qu'il avait orientés vers Jésus : Jean (l'anonyme du quatrième Évangile, le disciple que Jésus aimait) et André, qui lui amènera aussitôt son frère Pierre.

Controverse sur le jeûne

Les jours de Jean Baptiste sont désormais comptés, et déjà les débuts du ministère de Jésus souffrent violence. La concurrence de leurs ministères provoque une confrontation.

Luc situe l'incident au cours du repas chez Lévi-Matthieu devenu disciple ; la question est posée à Jésus, comme un propos de table... sur le jeûne, en contraste avec le festin du riche publicain converti. Mais, selon Matthieu et Marc (dont Luc dépend), *ce sont les disciples du Baptiste* qui s'étonnent de ce banquet, un jour de jeûne :

> *Les disciples de Jean et les Pharisiens étaient en train de jeûner. Ils viennent et disent à Jésus :*
> *— Pourquoi les disciples de Jean et les disciples des Pharisiens jeûnent-ils, mais tes disciples ne jeûnent pas ?*
> *Jésus leur dit :*
> *— Est-ce que peuvent jeûner les compagnons de l'époux, pendant que l'époux est avec eux ? Tant qu'ils ont l'époux avec eux, ils ne peuvent pas jeûner. Mais viendront des jours où l'époux leur sera enlevé, et, alors, en ce jour-là, ils jeûneront. Personne ne coud une pièce d'étoffe neuve à un vieux vêtement ; sinon le morceau neuf qu'on ajoute tire sur le vieux vêtement et la déchirure est pire* (Mt 9, 14-17 ; Mc 2, 18-22).

N'exagérons pas les contrastes. Les disciples de Jésus menaient une vie frugale, au long des routes, où ils étaient réduits à froisser quelques épis dans leurs mains, à l'heure du repas. Leur itinérance était semée des meilleures fortunes et d'invitations, parfois festives, comme les noces de Cana ou le banquet-liquidation de Matthieu l'apôtre. Le jeûne n'était pas pour eux une règle extérieure. Jésus leur faisait réinventer toutes choses de l'intérieur. Ce style pouvait choquer.

Controverse sur le baptême

Une autre discussion s'élève sur le baptême, que Jésus et ses disciples pratiquent aussi. Quel baptême ?

Il est difficile de le dire, car ce n'était pas encore le baptême au nom de Jésus, le baptême d'après la Résurrection, le baptême de Pentecôte. Était-ce une nouvelle étape du baptême de pénitence? Seul le quatrième évangéliste signale ce fait et le problème qui s'ensuivit.

> *Après cela, Jésus vint, avec ses disciples, en pays de Judée. Il y demeurait avec eux et baptisait* (Jn 3, 27).

Au chapitre suivant, il précise toutefois :

> *A vrai dire, Jésus lui-même ne baptisait pas, mais ses disciples* (Jn 4, 2).

> *Jean, de son côté baptisait à Aenon, près de Salim, où les eaux sont abondantes*[1]. *Les gens venaient et se faisaient baptiser. Jean en effet n'avait pas encore été jeté en prison.*
> *Or, une discussion survint, concernant la purification. Elle opposa un juif* [c'est-à-dire une autorité sacerdotale de *Judée*] *à des disciples de Jean. Ils vinrent trouver Jean et lui dirent :*
> *— Rabbi, celui qui était avec toi au-delà du Jourdain, celui auquel tu as rendu témoignage, voici qu'il se met lui aussi à baptiser et tous vont vers lui.*
> *Jean leur fit cette réponse :*
> *— Un homme ne peut rien s'attribuer au-delà de ce qui lui est donné du ciel. Vous-mêmes,*

1. Sur le lieu, voir p. 52, n. 1; et la carte, p. 10.

> *vous m'êtes témoins que j'ai dit : « Moi je ne suis pas le Christ, mais je suis celui qui a été envoyé devant lui. » Celui qui a l'épouse est l'époux, quant à l'ami de l'époux, il se tient là, il écoute et la voix de l'époux le comble de joie. Telle est ma joie, et elle est parfaite. Il faut qu'il grandisse et que je diminue* (Jn 3, 24-30).

Très belles et très profondes sont les maximes convergentes de Jean Baptiste ; les premières ont été exploitées par des hommes de théâtre :

> *Celui qui était* après *moi est passé* devant *moi, car* avant *moi Il était* (refrain de Jn 1, 15 et 30).

Cette maxime est vraie au niveau des naissances : Jean Baptiste a été conçu six mois avant Jésus, qui est venu le sanctifier.

Elle est vraie au niveau des missions : Jean Baptiste a commencé la sienne avant Jésus.

Elle est vraie au niveau de la préexistence du « Fils de Dieu » (Jn 1, 34).

La prophétie de Jean Baptiste sur sa récession est empreinte d'humour noir. Non seulement sa gloire de grand leader spirituel diminue, dès maintenant, car ses disciples et les foules le délaissent pour Jésus, mais son ministère va bientôt cesser, tandis que celui de Jésus va monter à l'échelle des masses. Enfin, il va être décapité, physiquement diminué au sens le plus atroce du terme. Cela ne l'empêche pas de se réjouir avec sérénité. Il est abandonné à Dieu audelà de toute épreuve.

8
En prison

Dès lors, tout se précipite :

> *Hérode l'arrête, l'enchaîne et le met en prison à cause d'Hérodiade, la femme de son frère Philippe, qu'il avait épousée* (Mt 14, 3 ; Mc 16, 17).

Flavius Josèphe précise qu'il est incarcéré dans la forteresse de Machéronte, un des plus beaux palais édifiés par Hérode le Grand, sur une colline dominant la mer Morte (voir encadré hors texte p. 95).

Il n'en sortira pas.

Un royal adultère

Que s'était-il donc passé ? Hérode Antipas, tétrarque de Galilée, avait d'abord épousé, en noces légitimes, la fille du roi des Nabatéens.

Mais voici qu'au cours d'un voyage à Rome, il séduit Hérodiade, femme de son frère Hérode. Cette Hérodiade, fille d'Aristobule, un des fils d'Hérode le Grand, était donc nièce de son mari Hérode et de son amant Antipas. Elle quitta le mari pour l'amant.

De retour en Palestine, Hérode avait renvoyé sa femme légitime à Machéronte, d'où elle s'enfuit et rentra chez son père. Hérode fut d'autant plus libre pour épouser Hérodiade et l'installer à Machéronte, avec sa fille Salomé. Cette séduisante personne épousera Philippe, son oncle, tétrarque de l'Iturée.

L'inceste ne dérangeait pas la famille d'Hérode. Hérodiade était à la fois sa nièce et la femme de son demi-frère. Ainsi allait l'esprit de famille, les grands amours se changeaient en haine et en meurtres (« On n'en était pas à un scandale près ! » conclut J. Steinmann[1]). Nul n'aurait osé y redire. Mais comme autrefois Élie et Élisée, Jean Baptiste, prophète, témoin de Dieu, ne se laisse pas arrêter par la redoutable puissance royale. Il réprouve ouvertement ce mariage adultère et incestueux :

> — *Il ne t'est pas permis d'avoir la femme de ton frère*[2].

1. *Jean Baptiste*, Le Seuil, 1966, p. 92.
2. Hérodiade était d'abord femme de Philippe selon l'Évangile de saint Marc (6, 17), mais ce Philippe avait épousé Salomé, observe J. Steinman, p. 93.

Il est possible, poursuit-il, qu'Hérode, fils de Mariamne et premier mari d'Hérodiade, se soit lui-même surnommé Philippe (p. 93).

Plusieurs des fils d'Hérode le Grand portèrent le patronyme d'Hérode, si bien qu'il est parfois malaisé de les distinguer. Ici on a du mal à lever l'ambiguïté entre l'Hérode, fils de Mariamne, descendant des grands prêtres asmonéens, et Philippe, tétrarque de l'Iturée, fils d'Hérode le Grand et Cléopâtre de Jérusalem (*ibid.*, p. 92).

« Il ne t'est pas permis d'avoir la femme de ton frère. »

Hérode supporte d'autant moins ce reproche que sa popularité en souffre, et que son épouse Hérodiade, sans complexe, voue au prophète une haine inexpugnable. Elle cherche tous les moyens de le supprimer (Mt 14, 3 ; Mc 6, 17 ; Lc 3, 19-29, § 28).

> *Jésus l'ayant appris revint en Galilée* (Mt 4, 12-17 ; Mc 1, 14-15 ; Lc 4, 14-15 ; § 28).

Lui aussi se sent menacé. Son ministère commence à peine. Il lui faut survivre pour mener à bien son enseignement. Il commence à pratiquer lui-même ce qu'il conseillera à ses apôtres : *Si on vous persécute dans un lieu, fuyez dans un autre* (Mt 10, 23). Il se fait itinérant en Galilée.

> *Il quitte donc Nazareth et vient s'établir à Capharnaüm, au bord de la mer, sur les confins de Zabulon et de Nephtali, afin que fut accomplie la prophétie d'Isaïe* 8, 23-9, 1 : (Mt 4, 12-17 ; § 28).
> *Il se met à prêcher en disant :*
> *— Repentez-vous, le temps est accompli; le Royaume des Cieux est proche* (Mt 4, 17 ; Mc 1, 15 ; § 28).

La dernière question de Jean Baptiste

Voici donc Jean Baptiste, le dernier prophète, dans sa prison, réduit à Dieu seul. Entre les prophètes et le Christ, entre Qumran et l'Église, il a laissé une trace proprement historique. Il occupe plus de place que Jésus chez Flavius Josèphe.

Le voici entre quatre murs, au silence. Mais le

silence ne lui coûte pas. Ce prophète, qui a commencé en ermite, retrouve sa méditation dans une nouvelle austérité. Il est prisonnier de corps mais libre d'esprit. Hérode, qui n'a pas la conscience tranquille, le traite avec une certaine bienveillance, malgré Hérodiade qui enrage. Fasciné par son prisonnier, qu'elle voudrait supprimer, il lui arrive de venir s'entretenir avec lui (Mc 6, 18-20). On le sait discrètement dans le palais, et l'attitude des gardiens s'en ressent. C'est ainsi que les disciples du Baptiste peuvent garder contact avec leur maître.

> *Jean entendait parler dans sa prison des œuvres du Christ. Il appela deux de ses disciples, et les envoya au Seigneur pour lui dire :*
> *— Es-tu Celui qui vient ou devons-nous en attendre un autre ?* (§ 106).

Comment Jean Baptiste pose-t-il une telle question ? Il a annoncé la venue du Messie avec force et clarté. Il l'a vu venir, il l'a baptisé, il a perçu alors la théophanie fondatrice du baptême dans l'Esprit. Il en a témoigné, et lorsque ses disciples se sont inquiétés de la concurrence du baptême de Jésus, il a su répondre (ci-dessus p. 75 : Jn 3, 27-30, § 79).

Alors comment expliquer sa question ? Ne disons pas trop vite que les évangélistes se contredisent, et qu'ils ont amalgamé aveuglément des traditions suspectes et contradictoires. Essayons plutôt de comprendre la Parole de Dieu et les témoignages sincères et simples qu'elle assume. La Parole de Dieu ne se comprend pleinement que de l'intérieur, selon l'expérience chrétienne de toujours.

Jean Baptiste est incarcéré. Son ministère prophétique est éteint. Il se trouve face à lui-même devant les plus sombres perspectives. C'est aussi l'épreuve de la nuit proprement spirituelle.

C'est donc l'heure de la dernière tentation : celle du doute, y compris sur ses prophéties obscures, qui ne sont pas infaillibles. D'autant que la réalisation est choquante.

Il voyait déjà le Messie venir en juge pour l'ultime eschatologie : ce serait un justicier, armé de fléau ; il engrangerait le bien et détruirait le mal, comme un « feu dévorant ».

Et Jésus conduit son ministère de tout autre manière : humble, miséricordieuse. Il ne continue pas les anathèmes de Jean Baptiste contre les pécheurs : *Race de vipères*. Non seulement il les pardonne, mais il semble préférer les repentis à ceux qui n'avaient pas besoin de pénitence (Mt 18, 13 ; Lc 15, 7). Il mangeait avec eux, en contraste avec l'austérité de Jean Baptiste. Jean avait interprété la carrière du Messie comme un triomphe. Or Jésus lui aussi semble menacé, et se cache. Alors, s'était-il trompé ? Comme bien d'autres mystiques après lui, il s'interrogeait sur le bien-fondé de ses prédictions. Selon Jean-Paul II, Marie elle-même a connu des tentations et une crise de ce genre, au Calvaire, devant la contradiction entre les promesses royales et rayonnantes de l'Annonciation : *Dieu lui donnera le trône de David son père...* (Lc 1, 33) et cette fin tragique, mortelle, sans espérance humaine, qui s'accomplissait devant ses yeux au Golgotha. L'épreuve à laquelle le Christ soumet tant de ses familiers et saints jusqu'à ce jour, il ne se l'est pas épargnée à lui-même (Mc 15, 34). Il ne l'a pas épargnée à son fidèle serviteur, prophète et précurseur Jean Baptiste, appelé au radicalisme vertical de l'Évangile.

> *Arrivés auprès de Jésus, les envoyés dirent :*
> *— Jean le Baptiste nous a envoyés vers toi pour te dire :*
> *« Es-tu celui qui vient, ou devons-nous en attendre un autre ? »*
> *A cette heure-là, Jésus guérit beaucoup de malades, d'infirmités et d'esprits mauvais, et à beaucoup d'aveugles il rendit la vue. Puis il donna cette réponse :*
> *— Allez informer Jean de ce que vous avez vu et entendu : les aveugles voient, les boiteux marchent, les lépreux sont purifiés, les sourds entendent, les morts se réveillent, les pauvres sont évangélisés* [Is 29, 18-19 ; 35, 5-6 ; 61, 1]. *Et heureux celui qui ne sera pas scandalisé à mon sujet* (Mt 11, 2-6 ; Lc 7, 18-23 ; § 106).

Ces derniers mots sont la réponse au doute de Jean Baptiste, déconcerté par le contraste entre les rayonnantes promesses eschatologiques par lui reçues, et la carrière de Jésus-Christ : humble et menacée.

Le Christ répond en actes avant qu'en paroles, car ses prédications et ses miracles, avec priorité aux pauvres, accomplissent les prédictions d'Isaïe. Il abrège Is 61, 1, qui annonçait aussi *aux captifs la liberté* car Jean ne sera pas libéré. Sa mission prophétique est aussi de préfigurer le Messie souffrant et sa mort.

L'hommage de Jésus

Après le départ des émissaires du Baptiste, Jésus rend cet hommage au Précurseur dont les jours sont comptés :

Qu'êtes-vous allés contempler au désert ?
Un roseau agité par le vent ?
Mais qu'êtes-vous allés voir ?
Un homme vêtu d'habits délicats ?
Mais ceux qui vivent en vêtements somptueux et mollesse sont dans les palais des rois.
Alors qu'êtes-vous allés voir ?
Un prophète ?
Oui, je vous le dis, et plus qu'un prophète.
C'est celui dont il est écrit :
— Voici que j'envoie mon messager devant ta face pour préparer ton chemin devant toi.
En vérité, je vous le dis, il ne s'est pas levé parmi les enfants des femmes de plus grand que Jean Baptiste.
Mais le plus petit, dans le Royaume des Cieux est plus grand que lui ! (Mt 11, 7-11 ; Lc 7, 24-28 ; § 107).

Le plus petit qui est plus grand

Que veut dire Jésus ? Jean Baptiste est le plus grand des prophètes et de l'Ancien Testament ? Les baptisés que nous sommes lui seraient-ils supérieurs ? Non, évidemment, sa taille et son martyre nous dépassent. Jésus reprend à son compte les maximes du Précurseur qui s'humiliait devant le Messie à venir :

Celui qui est venu après moi est passé devant moi.
Il faut qu'il croisse et que je diminue.

Plus petit Jésus l'était par sa naissance, six mois après Jean Baptiste et par sa vie cachée, à l'heure où le Baptiste était déjà célèbre. Il se manifeste plus grand à l'heure où il se dévoile pour prêcher le Royaume. Bien plus, avant Jean, il préexistait : *Avant moi, Il était*, disait encore Jean Baptiste. Et la voix du Père l'a révélé lors du baptême. Cette interprétation de sœur Jeanne d'Arc est celle qui rend le mieux compte du texte.

Retour d'Élie

Jésus termine ainsi l'éloge de Jean Baptiste :

Tout le peuple l'a entendu.
Les publicains ont justifié Dieu en se faisant baptiser du baptême de Jean.
Mais les pharisiens et les légistes ont anéanti le dessein de Dieu sur eux-mêmes et n'ont pas été baptisés par lui (Lc 7, 29-30).

Or, depuis les jours de Jean Baptiste jusqu'à maintenant, le Royaume des cieux souffre violence et les violents l'emportent.
Tous les prophètes et la Loi ont prophétisé jusqu'à Jean.
Et si vous voulez m'en croire, c'est lui Élie qui doit venir.
Qui a des oreilles, qu'il entende (Mt 11, 12-15).

Que comprendre ? *Je ne suis pas Élie*, disait Jean

Baptiste (Jn 1, 21). *C'est lui Élie*, dit Jésus, car, il est bien le dernier prophète, attendu pour les derniers temps. L'homologue du premier : Élie, dont il reprend l'esprit et le vêtement. Mais il n'en est pas la réincarnation.

Quelle violence ?

Jésus ressent la violence qui monte : elle a fait emprisonner Jean Baptiste et va le faire décapiter. Elle va faire crucifier Jésus lui-même. Sa maxime sur la violence reste obscure et enveloppée, car rien n'est moins clair que la violence. La version complémentaire de Luc 16, qui attribue la violence non aux persécuteurs, mais à ceux qui entrent dans le royaume, ne dissipe pas toute obscurité.

> *La loi et les prophètes sont là, jusqu'à Jean.*
> *Et depuis lors, le Royaume de Dieu est annoncé*
> *On y entre par violence* (Lc 16, 16).

Dans quelle mesure Jésus parle-t-il de la violence qui s'exerce contre le royaume, ou de l'ardeur qu'il mobilise ? Sans doute vise-t-il l'un et l'autre. C'est la loi même du combat spirituel.

Incompréhension

Jésus conclut en s'élevant au-dessus du drame avec l'humour qui convient à l'humanité :

> *A qui comparer cette génération ? Elle est semblable aux gamins, assis sur les places publiques, qui s'interpellent les uns les autres :*

> *— Nous avons joué de la flûte*
> *et vous n'avez pas dansé.*
> *Nous nous sommes lamentés*
> *et vous n'avez pas pleuré.*
> *En effet, Jean le Baptiste est venu : il ne mange pas, il ne boit pas, et l'on dit : « Il a perdu la tête ».*
> *Le Fils de l'homme est venu : il mange, il boit, et ils disent : « Voilà un glouton et un ivrogne, un ami des publicains* [= percepteurs] *et des pécheurs. »*
> *Mais la Sagesse a été justifiée par ses œuvres* (Mt 11, 16-19).

Luc rapporte cette conclusion selon une version complémentaire :

> *Et la Sagesse a été justifiée par* tous ses enfants (Lc 7, 35).

Les sages de ce monde : docteurs et scribes, ont refusé Jean et rejeté Jésus par aveuglement devant les signes eschatologiques. Les pauvres et les pécheurs ont reconnu les signes de Dieu, en vrais enfants de la Sagesse, qui est ainsi « justifiée par ses enfants ».

Luc ajoute ici, en contrepartie, une parole sévère pour les pharisiens et légistes :

> *Tout le peuple qui l'a écouté — et les publicains eux-mêmes — ont donné raison à Dieu en recevant le baptême de Jean. Mais en ne se faisant pas baptiser par lui, pharisiens et légistes*

ont rendu vain pour eux le dessein de Dieu[3] (7, 29-30).

En effet, Jean est venu à vous dans la voie de la justice et vous n'avez pas cru en lui ; les publicains, eux, et les prostituées ont cru en lui. Et vous, devant cet exemple, vous n'avez même pas eu un remords tardif qui vous fît croire en lui (21, 32).

3. Pour Matthieu, cette parole est la conclusion de la parabole des deux fils : celui qui dit non, mais obéit ; celui qui dit oui, mais ne fait rien.

9
Le martyre

Haine homicide

La captivité de Jean Baptiste se prolongeait. Hérode restait attiré par son prisonnier, mais repris au lit par sa femme illégitime, dont les oreilles étaient mortellement blessées par la maxime inflexible de Jean Baptiste :

> *Il ne t'est pas permis d'avoir la femme de ton frère.*

Hérodiade, débordante de rancune,

> *voulait donc le mettre à mort. Mais elle ne pouvait pas, car Hérode craignait Jean, il le savait homme juste et saint, et le protégeait. Il l'écoutait et en était fort embarrassé, mais il l'écoutait volontiers* (Mc 6, 18-20 ; Mt 14, 4-5 ; § 147).

Elle guette l'occasion d'arriver à ses fins.

Et voici *un jour favorable* (Mc 6, 21). Pour son anniversaire, Hérode offre un grand banquet à ses principaux officiers et notables de Galilée, dans le somptueux palais de Machéronte, en bas duquel se trouve la prison de Jean. La fille d'Hérodiade danse pour animer la fête. Elle séduit Hérode et les convives. Selon Steinman, elle aurait dansé nue. Peut-être, mais le texte ne dit rien de tel ni les usages de la cour. L'euphorie de la soirée et d'un vin généreux, la séduction qu'exerce la jeune fille et l'illusionnisme de Satan, qui tramera bientôt la mort du Christ, suffisent à expliquer la suite.

> *Le roi dit à la jeune fille :*
> *— Demande-moi ce que tu veux, et je te le donnerai.*
> *Et il lui fit ce serment :*
> *— Ce que tu me demanderas, je te le donnerai, fût-ce la moitié de mon royaume.*
> *Elle sort et dit à sa mère :*
> *— Que vais-je demander ?*
> *— La tête de Jean le Baptiste, réplique Hérodiade.*
> *En toute hâte, la jeune fille s'approche du roi et lui demande :*
> *— Je veux que tu me donnes tout de suite, sur un plat, la tête de Jean Baptiste.*
> *Le roi en fut attristé* (Mc 6, 22-26 ; Mt 14, 6-9).

La forteresse de Machéronte, lieu du meurtre de Jean Baptiste

Flavius Josèphe (37-c 100) nous fait connaître la prison de Jean : la forteresse de Machéronte. Aujourd'hui détruite, cette forteresse, construite sur une hauteur à l'est de la mer Morte, était considérée comme la seconde et plus brillante des citadelles juives, après Jérusalem. Il n'en reste plus pierre sur pierre. Hérode le Grand avait édifié cette citadelle et ce palais entre 25 et 13 avant notre ère. Josèphe l'évoque ainsi :

« *Renfermant un terrain assez considérable entre des murailles et des tours, il édifia une ville d'où une rampe conduisait au sommet de la montagne. De plus, il couronna d'un mur cette hauteur, et éleva à chacun des angles une tour de 60 coudées. Au milieu de l'enceinte, il bâtit un palais remarquable par la grandeur et la beauté des appartements ; beaucoup de citernes aptes à recevoir et à fournir d'énormes quantités d'eau furent creusées aux endroits les plus propices ; ayant ainsi jeté le gant à la nature, il la vainquit en munissant de forteresses le site qu'elle avait elle-même rendu imprenable. Il y amassa en outre quantité de traits et d'engins, et veilla à tout disposer en vue de permettre aux habitants de mépriser un très long siège.* »

Cette splendeur « plut » à Hérode Antipas, précise Josèphe, et c'est là qu'il offrit le somptueux festin où triomphèrent la haine d'Hérodiade et la séduction de Salomé :

« *Ici le pays entier est blanchâtre, formant une opposition saisissante avec les terrains balsamiques qui s'étendent au nord et les grès colorés qui reprennent à l'ouest », précise le Père Abel*[1]. Il décrit ce qui reste du « dédale sans fin de pierres de taille jaunies par le temps : blocs moulurés, arasement de murs où les orchidées insèrent leurs bulbes, citernes à peine dégradées [...], *souterrains creusés dans le flanc nord de la colline », « dans la partie nord de l'esplanade qui termine le tell, s'ouvre un bassin de 20 mètres de long sur 8 mètres de large, construit en pierres de taille que recouvrent par endroits de larges plaques d'enduit. Machéronte faisait partie d'un vaste système défensif partant de Jérusalem et comprenant Massada. Elle protégeait l'extrémité sud de la Pérée aux frontières du royaume de Nabatée.* »

C'est là qu'Hérode Antipas connut sa plus cruelle défaite et la destruction de son armée par les Nabatéens : guerre suscitée par le mariage (condamné par Jean Baptiste) du tétrarque avec Hérodiade, femme de son frère. Après la chute de Jérusalem, beaucoup de Juifs se réfugièrent dans cette citadelle, mais les Romains la prirent en 72 et Lucius Bassus fit raser la forteresse. La ville seule survécut et le christianisme y fleurit avec ses églises lors des croisades. Machéronte est reliée par route à Callirhoé, station thermale et petit port sur les bords de la mer Morte. Hérode ne s'était privé d'aucun moyen de défense ni d'aucun agrément.

1. *Une croisière autour de la mer Morte,* Paris, 1921, p. 34.

Mais comment se déjuger en son glorieux appareil ?

> *A cause de ses serments et des convives, il n'osa pas la repousser. Aussitôt donc, le roi envoya un garde avec l'ordre d'apporter la tête de Jean. Le garde alla le décapiter dans sa prison. Il apporta sa tête sur un plat et la donna à la jeune fille, et la jeune fille la donna à sa mère. L'ayant appris, ses disciples vinrent prendre son cadavre, et le déposèrent dans un tombeau* (Mc 6, 26-29).

Ce récit n'est point une fantaisie. Il appartient à l'Histoire. Il a laissé une trace dans les *Antiquités juives* de Flavius Josèphe qui recoupent le récit évangélique, mais il interprète différemment. Pour lui, Hérode a emprisonné Jean Baptiste par crainte que son prestige dans la masse soulève une sédition. Flavius Josèphe ne partage pas ce soupçon du roi. Il ignore les reproches de Jean sur le mariage du tyran, mais il tient la défaite d'Hérode devant les Nabatéens, en l'an 36, pour une punition de sa faute :

> *Jean, ainsi soupçonné à tort* [par Hérode] *fut enchaîné dans la forteresse* [de Machéronte] *que nous avons déjà mentionnée, et là, il fut mis à mort.*
> *Mais les Juifs conclurent que la destruction de l'armée d'Hérode fut la revanche de Jean et un châtiment de Dieu* (Flavius Josèphe, *Antiquités juives* 18, 1, n° 118-119).

Décollation de Jean Baptiste.

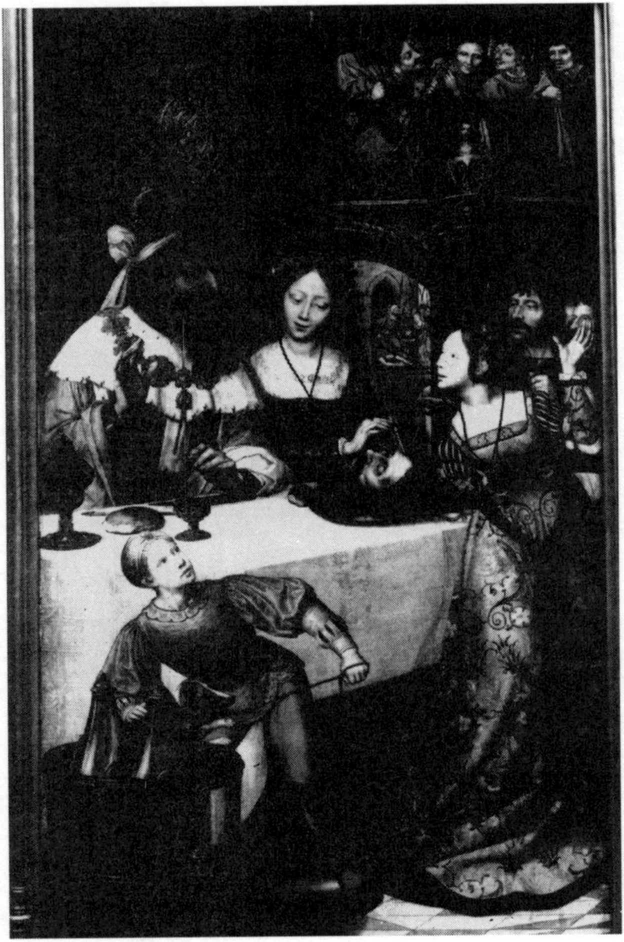

« Et la jeune fille la donna à sa mère. »

La naissance de Jean Baptiste avait préfiguré celle du Christ, sous le signe de l'Esprit Saint, comme inauguration des Mystères joyeux. De même, sa mort violente inaugure les mystères douloureux. Mais la gloire posthume ne va pas manquer à Jean Baptiste.

10
L'impérissable souvenir de Jean Baptiste

1. DANS LE NOUVEAU TESTAMENT

La mort de Jean Baptiste ne le plonge pas dans l'oubli. Dans la suite de l'Évangile et dans les Actes des Apôtres, il revient comme un leitmotiv.

Dans l'Évangile

Jésus en discussion avec ses adversaires déclarait :

> *Vous avez envoyé* [vos enquêteurs] *vers Jean et il a rendu témoignage de la vérité. Quant à moi je ne reçois pas de témoignage d'un homme, mais je parle pour que vous soyez sauvés.*
> *Jean était la lampe qui brûle et brille, et vous avez seulement voulu vous réjouir un moment à sa lumière.*
> *Mais j'ai un témoignage plus grand que celui de Jean : ce sont les œuvres que mon Père m'a donné d'accomplir. Je les fais et ce sont elles qui portent témoignage que le Père m'a envoyé* (Jn 5, 33-37).

La mémoire de Jean Baptiste est restée vivante dans l'opinion. Lorsque Jésus consulte ses disciples :

— *Que dit-on que je suis?*

Ils répondent aussitôt en disant :

— *Jean le Baptiste.*
D'autres, un des prophètes (Mc 8, 27-28).

C'est Jean Baptiste qui vient en premier sur les lèvres des hommes. Ce fut aussi l'hypothèse d'Hérode, selon Lc 9, 7. On croyait déjà à la réincarnation : mythe séduisant, médiocre et illusoire.

L'éternelle question sur le retour d'Élie (serait-ce Jean Baptiste ?) provoque cette réponse énigmatique du Christ :

— *Élie vient pour tout restaurer.*
Or je vous le dis : Élie est déjà venu et ils ne l'ont pas reconnu, mais ils lui ont fait tout ce qu'ils ont voulu. De même aussi le Fils de l'homme va souffrir par eux.
Alors les disciples comprirent qu'il leur parlait de Jean le Baptiste (Mt 17, 9-15 ; cf. Mt 11, 15).

Le Précurseur reste omniprésent. Les disciples, soucieux de bien prier, partent de ce modèle pour questionner Jésus :

— *Seigneur, apprends-nous à prier comme Jean l'avait appris à ses disciples!* (Lc 11, 1-4).

Certains ont cru trouver une formule de la prière du Baptiste dans la phrase que certains manuscrits du troisième Évangile ajoutent à la seconde demande du *Pater* :

Envoie ton Esprit Saint sur nous et purifie-nous (Lc 11, 2).

Le Précurseur revient jusque dans les ultimes discussions de Jésus avec ses adversaires. A leur question captieuse sur sa mission d'En-haut, il répond par une question :

> — *Moi aussi je vais vous demander quelque chose, et si vous me le dites, je vous dirai moi aussi par quelle autorité j'agis. Le baptême de Jean était-il du Ciel ou des hommes?* (Mt 21, 24-2; Mc 22, 29-30; Lc 20, 3-4; § 279).

Si grande est la mémoire du Baptiste, que les adversaires déclarent forfait :

> — *Si nous disons : Du ciel,*
> *il nous dira :*
> — *Pourquoi donc n'avez-vous pas cru en lui?*
> *Mais si nous disons :*
> — *Des hommes,*
> *nous craignons la foule, car tous tiennent Jean pour un prophète. Ainsi répondent-ils à Jésus :*
> — *Nous ne savons pas.*
> *Alors il leur dit :*
> — *Moi non plus, je ne vous dirai pas en vertu de quelle autorité j'agis* (Mt 21, 26-27; § 279).

Jésus interpelle ainsi ses adversaires en Matthieu 21, 28-32 :

> *Que vous en semble? Un homme avait deux fils.*
> *Il va trouver le premier et lui dit :*
> — *Mon enfant, va donc aujourd'hui travailler à la vigne.*

Mais il répond :
— Je ne veux pas.
Plus tard, pris de remords, il y alla.
Le père alla trouver le second et lui dit la même chose.
L'autre répondit :
— D'accord, seigneur, mais il n'y alla pas.
Lequel des deux a fait la volonté du père ?
Ils répondent :
— Le premier.
Jésus leur dit :
— En vérité, je vous le dis, les publicains et les prostituées vous précéderont au Royaume de Dieu, car Jean est venu à vous dans une voie de justice, *et vous n'avez pas cru en lui. Les publicains et les prostituées ont cru en lui, mais vous, malgré ce que vous avez vu, vous ne vous êtes point repentis et finalement vous n'avez pas cru en lui* (Mt 21, 28-32 et parallèles ; § 280).

Après la Pentecôte

Après la Pentecôte, d'instinct, le baptême de Jean fut considéré comme le point de départ de l'Évangile, et le début nécessaire de la prédication. Pierre fixe ce critère dès avant la Pentecôte, lorsqu'il remplace le traître Judas par un authentique témoin, pour compléter le collège des Douze. Judas a trahi, Judas s'est pendu, déclare-t-il :

Qu'un autre prenne sa charge [Ps 108, 9]. *Il y a ici des hommes qui nous ont accompagnés durant tout le temps où le Seigneur Jésus a*

> *marché à notre tête,* à commencer par le baptême de Jean *jusqu'au jour où il nous a été enlevé. Il faut donc que l'un d'entre eux devienne avec nous témoin de sa résurrection* (Ac 1, 20-22).

Pour être agrégé au collège apostolique, il importe d'être témoin du baptême de Jean, qui fut le point de départ de Jésus. Pierre est resté fidèle à cette norme : son discours à Antioche commence ainsi :

> *La Bonne nouvelle de la paix en Jésus-Christ* [l'Évangile] *a commencé par la Galilée, après le baptême que proclamait Jean* (Ac 10, 37).

Paul, qui n'a pas connu Jean Baptiste, et ne se situe pas parmi les témoins oculaires de l'Évangile, est fidèle au même schéma dans son discours à Antioche de Pisidie, que Luc rapporte ainsi :

> *Précédant la venue de Jésus, Sauveur d'Israël, Jean avait déjà proclamé un baptême de conversion pour tout le peuple d'Israël. En terminant sa course, il disait :*
> *— Que supposez-vous que je suis ? Ce n'est pas moi. Mais voici que vient après moi quelqu'un dont je ne suis pas digne de délier les sandales* (Ac 13, 23-25).

Où Jean Baptiste devance l'apôtre Paul

Bien plus, le mouvement lancé par Jean Baptiste avait fait des disciples, non seulement en Palestine, mais dans tout le monde habité, et l'histoire en a gardé, çà et là, des témoignages ponctuels.

Les plus importants sont ceux qui se trouvent dans les Actes des Apôtres. Luc, compagnon et historien de Paul, en fait le constat surprenant. Jean a devancé Paul chez les païens, et ses disciples, malgré leur ignorance de Jésus, se trouvaient acquis d'emblée à la foi chrétienne. Luc les appelle tout uniment « des disciples », malgré leur ignorance du Christ. Tel est le cas d'Apollos, qui fut un des grands prédicateurs de la première génération chrétienne.

> *Un Juif, nommé Apollos, originaire d'Alexandrie, était arrivé à Éphèse. C'était un homme savant, versé dans les Écritures. Il avait été informé de la Voie du Seigneur et, plein de ferveur, il prêchait et enseignait exactement ce qui concernait Jésus. Pourtant il ne connaissait que le baptême de Jean.*
> *Il se mit donc à parler, en toute assurance dans la synagogue. Mais après l'avoir entendu, Priscille et Aquila le prirent à part et lui présentèrent plus exactement la Voie de Dieu. Comme il avait l'intention de se rendre en Achaïe, les frères l'approuvèrent et écrivirent aux disciples de lui faire bon accueil. Une fois arrivé, il fut, par la grâce de Dieu, d'un grand secours aux fidèles, car la force de ses arguments avait raison des Juifs en public, quand il prouvait par les Écritures que le Messie c'était Jésus* (Ac 18, 24-28).

Peu après, « pendant le séjour d'Apollos à Corinthe », Paul découvre à Éphèse d'autres johannites.

Il trouva quelques disciples [il les appelle bien disciples, malgré ce qui va suivre] *et leur demanda :*
— Avez-vous reçu l'Esprit Saint, quand vous êtes devenus croyants ?
— Mais, lui répondirent-ils, nous n'avons même pas entendu parler d'Esprit Saint.
Paul demanda :
— Quel baptême alors avez-vous reçu ?
Ils répondirent :
— Le baptême de Jean.
Paul reprit :
— Jean donnait un baptême de conversion, et il demandait au peuple de croire en celui qui viendrait après lui, c'est-à-dire en Jésus.
Ils l'écoutèrent et reçurent le baptême au nom du Seigneur Jésus. Paul leur imposa les mains et l'Esprit Saint vint sur eux. Ils parlaient en langues et prophétisaient. Il y avait en tout environ douze personnes (Ac 19, 1-7).

2. DANS L'HISTOIRE

Jean Baptiste a laissé dans l'histoire des traces considérables quoique en partie légendaires et apocryphes.

Flavius Josèphe

Le témoignage historique le plus important est celui de Flavius Josèphe. Il parle de Jean à propos de la défaite d'Hérode en l'an 36 devant les Nabatéens.

Pour certains Juifs, si l'armée d'Hérode avait péri, c'était par la volonté divine, en juste vengeance [pour le traitement qu'il avait infligé] *à Jean le Baptiste, car Hérode l'avait mis à mort. Et pourtant c'était un homme de bien. Il exhortait les Juifs à mener une vie droite, à être justes les uns envers les autres, et pieux avec Dieu, pour aller ensemble au baptême. Car c'est à cette condition que Dieu agréerait ce baptême : s'il servait, non à gagner le pardon de certains péchés, mais à purifier le corps, après qu'on eut préalablement purifié l'âme par la justice. D'autres s'étaient agrégés autour de lui, et ses sermons les avaient exaltés. Hérode s'alarma : une éloquence si persuasive allait susciter la révolte : ils se laisseraient guider en tout par Jean* [pensait-il]. *Il préférait s'emparer de lui avant que son influence conduise à un soulèvement, plutôt que d'attendre la sédition et d'avoir à se repentir de s'être exposé à ce dommage. A cause de ces soupçons d'Hérode, Jean fut conduit, enchaîné, à la forteresse de Machéronte, dont nous avons déjà parlé. Et là il fut mis à mort. L'opinion des Juifs fut que la destruction survenue à l'armée d'Hérode était la revanche de Jean* [Josèphe, *Antiquités juives*, 116-119[1]].

1. Édition anglaise, tome 3, p. 82-85 ; et la traduction plus ancienne de Reinach, *Œuvres complètes de Flavius Josèphe*, Paris, 1929, t. 4.

La version slave de Josèphe, faite en Lituanie, entre 1250 et 1260, par un prêtre hérétique judaïsant de l'Église russe, d'après une copie de la version géorgienne, développe librement le texte primitif en utilisant l'Évangile, mais en le truffant de pures inventions.

> *En ce temps-là vivait parmi les Juifs un homme au costume étrange; il s'était appliqué sur le corps des peaux de bêtes partout où il n'était pas couvert par son propre poil. De visage il était pareil à un sauvage. Il vint aux Juifs et les appela à la liberté disant :*
> *— Dieu m'a envoyé afin que je vous montre le chemin de la Loi par lequel vous vous délivrerez de beaucoup de puissants. Et sur vous ne régnera pas un mortel, mais le Très-Haut qui m'a envoyé.*
> *Et lorsque le peuple eut entendu cela il se réjouit.*
> *Et il fut suivi de toute la Judée, contrée à l'entour de Jérusalem.*
> *Et il ne faisait rien d'autre, que de les plonger dans les flots du Jourdain et de les congédier en leur disant de renoncer aux œuvres mauvaises; et qu'il leur serait donné un roi qui les affranchirait et leur soumettrait tout ce qui leur était insoumis mais qui, lui-même, ne serait soumis à personne.*
> *Les uns blasphémèrent, les autres le crurent.*
> *Et comme il avait été conduit devant Archélaüs et que s'étaient assemblés les docteurs de la loi,*

ils lui demandèrent qui il était et où il avait été jusque-là. Il leur répondit :
— Je suis un homme, l'esprit de Dieu m'a conduit et je me nourris de roseaux, de racines et de fruits.
Ceux-ci se jetèrent sur lui pour le torturer s'il ne renonçait pas à ses paroles et à ses actes, mais il dit :
— C'est à vous de renoncer à vos œuvres abominables pour vous attacher au Seigneur votre Dieu.
Et Simon, un scribe, essénien d'origine, se leva en colère et dit :
— Nous lisons chaque jour des livres divins. Mais toi, qui viens de sortir de la forêt comme une bête, tu oses nous instruire et séduire la foule par tes discours infâmes ?
Il se précipita pour le châtier corporellement. Mais lui, il les punit en disant :
— Je ne vous révélerai pas le mystère qui habite en vous puisque vous ne l'avez pas voulu. Par là est venu sur vous un malheur indicible et par votre faute.
Après avoir parlé ainsi, il s'en alla sur l'autre rive du Jourdain et nul n'osant plus le molester, il continua d'agir comme auparavant.

La version slave rattache la mort de Jean au reproche qu'il fit à Hérode sur son mariage illégitime (conformément au récit évangélique) :

Seul, cet homme, que l'on appelait un sauvage, vint devant lui [Hérode] *en colère et lui dit :*
— Pourquoi as-tu pris la femme de ton frère,

infâme ? Puisque ton frère est mort d'une mort impitoyable, toi aussi tu seras fauché par la faux céleste. Le décret de Dieu ne sera pas muet, mais te fera périr misérablement en pays étranger [...] *Car tu ne suscites pas lignée à ton frère, mais tu assouvis ta passion charnelle, puisqu'il y a quatre enfants de lui.*
Dès qu'Hérode eut entendu cela, il se mit en colère et ordonna de le battre et de le chasser. Mais lui, il ne cessa pas d'accuser Hérode partout où il se trouvait jusqu'à ce que celui-ci le fît saisir et ordonnât de l'abattre.
Or son caractère était étrange et sa vie n'était pas humaine. Il vivait tel qu'un esprit sans chair. Ses lèvres ne connaissaient pas le pain. Même à la Pâque, il ne mangeait pas d'azymes, disant que ce pain avait été donné en souvenir de Dieu qui avait délivré son peuple de la servitude, par consolation, parce que la route était triste. Quant au vin et aux boissons enivrantes, il ne les supportait même pas près de lui. Et il avait horreur de tout animal. Il réprouvait toute infraction et pour sa part il n'usait que de fruits.

Rien à retenir d'autres textes qui font honneur à Jean Baptiste, mais qui n'ajoutent aucun élément historique ; il s'agit d'autres apocryphes ou du *Coran* dont nous donnons des échantillons en annexes.

L'iconographie

Jean Baptiste a inspiré de manière impressionnante l'iconographie chrétienne. Elle illustre surtout les scènes évangéliques : l'apparition à Zacharie, la Visitation, la naissance et la circoncision, puis la montée de Jean au désert, souvent enfant, selon la suggestion de Lc 1, 80 ; le baptême de Jésus, la prédication, les reproches à Hérode, l'incarcération, la danse de Salomé, la décapitation et la glorification de Jean Baptiste.

L'iconographie fait souvent figurer ce grand témoin dans les scènes les plus diverses et les plus inattendues : à la naissance de Jésus à Bethléem, au pied de la Croix, lors de la descente aux enfers, au jugement dernier. Le Précurseur y perpétue son geste qui désigne le Christ.

L'imagerie chrétienne n'a pas oublié les Apocryphes : la fuite d'Élisabeth lors du massacre des Innocents et le martyre de Zacharie ; ni l'amitié enfantine des deux cousins : Jean et Jésus. Mais l'histoire de l'iconographie n'est pas l'objet du présent livre[2].

2. Elle a été traitée avec bonheur par Alexandre Masseron, *Saint Jean Baptiste dans l'art*, Paris, Arthaud, 1937, 152 héliogravures ; et J. de Mahuet, dans *Catholicisme* (voir bibliographie).

« Voici l'Agneau de Dieu. »

Conclusion

Un homme préétabli d'en-haut

Des tentatives hasardeuses et persévérantes ont été poursuivies pour opposer Jean Baptiste à Jésus, comme un dangereux rival : au besoin plus grand que Jésus. Ces ingénieuses entreprises pour refaire l'histoire contre l'Évangile sont aujourd'hui dépassées. L'analyse minutieuse des relations de Jésus à Jean Baptiste manifeste qu'en dépit de nos ignorances sur bien des points, l'harmonie entre le Précurseur et Jésus est sans faille. Si les Évangiles et le Nouveau Testament l'ont souligné, fût-ce avec un souci apologétique, cette apologétique n'est pas en défaut. Les conversions aisées des johannites dont parlent les Actes des Apôtres en sont un éloquent témoignage.

Oui, Jean Baptiste est bien *le plus grand des enfants des hommes*, le *prince des prophètes* et aussi « des moines », disent les Pères de l'Église. Seul le Christ, qu'il a préparé, le dépasse. Les grands renouveaux, les grandes actions apostoliques, les mouvements de conversion, même les messages des principales apparitions modernes : rue du Bac, Lourdes, Fatima, repartent de son message initial : prière, conversion, pénitence, vigilance, car l'enjeu est grave et le Seigneur vient. Jean a ainsi préparé le Christ, bien au-delà des frontières d'Israël. Son rôle d'éveilleur demeure et ne cesse de renaître.

La place structurale de Jean dans l'histoire chrétienne est si importante qu'il revient deux fois, en forme de chiasme[1], au début et à la fin du solennel prologue du quatrième Évangile. Ici encore, Jean Baptiste est subordonné à Jésus :

Son nom était Jean.
Il vint en témoignage
pour témoigner de la lumière
afin que tous crussent en lui.
Il n'était pas la lumière
mais le témoin de la lumière.

On a souvent rapproché la thématique du Prologue : ténèbres et lumière, de celle de Qumran, où l'on a retrouvé une apocalypse de *La guerre des fils de la lumière contre les fils des ténèbres*. Mais

1. Le mot « chiasme » désigne un processus littéraire courant de la composition juive. Les mêmes thèmes sont repris deux fois, la seconde fois en ordre inverse en forme A B C C B A (comme bonnet blanc et blanc bonnet). Jean constitue le troisième thème de la longue série du Prologue, au centre duquel se trouve l'Incarnation ; le point de départ et d'arrivée étant le Verbe éternel qui réapparaît à la fin comme Fils et, aussitôt après ce prologue en forme de chiasme, c'est Jean qui domine, qui occupe toute la fin du long chapitre 1 (commenté plus haut).

Les sectes baptistes furent-elles de redoutables adversaires du christianisme ?

On a tout fait pour trouver des oppositions entre Jean et Jésus, et reconstituer une âpre lutte entre sectes johannique et chrétienne aux Ier et IIe siècles. Les documents ne sont pas venus au rendez-vous de ces hypothèses.

Charles H. Scobie[1] tente de trouver les traces d'une secte baptiste qui aurait subsisté. Le résultat de sa quête est bien mince. Pour lui, Luc 1-2 serait un produit de cette secte : ce qui est assez gratuit. Il a pensé trouver dans les *Homélies Clémentines* (2, 23-24), la trace d'un cercle baptiste, qui aurait considéré Jean comme supérieur au Christ parce qu'antérieur. Selon ce passage des *Homélies Clémentines*, Jean aurait eu 30, puis 100 disciples (parallèles aux Douze), le premier aurait été Simon le Magicien. Scobie trouve d'autres échos dans 2, 8 et dans Éphrem (dont il ne donne aucune référence et qui ne semblerait qu'un écho des *Clémentines*). Cette tentative pour donner consistance à une secte issue de Jean Baptiste relève de l'artifice. Il s'agit de textes sans crédibilité historique, et l'auteur admet lui-même que s'il put y avoir des groupes baptistes au milieu du Ier siècle, ils n'auraient pas grande ampleur et disparurent vite. Le lien était trop fort, trop intime, trop radical, pour prêter à un divorce ; trop authentique, pour prêter à un schisme.

Selon Walter Wink[2], toutes les tentatives pour trouver des documents baptistes dans l'Évangile relèvent d'une fausse conception du rapport entre l'Église et le mouvement baptiste, car, en fait, l'Église s'est établie

1. *John the Baptist*, 1962.
2. *John*, 1968, p. 110.

précisément au centre du mouvement créé par Jean Baptiste qui survécut çà et là de manière aussi éphémère que marginale et se rallia. L'Église possédait sur Jean d'authentiques traditions qui appartiennent à ses origines mêmes.

Jean Baptiste « est, au regard de l'Histoire des religions, la figure clé du monde palestinien au début de l'ère chrétienne. Par ses rapports certains d'action et de pensée avec Jésus et plusieurs des disciples, il fut, en un sens, l'initiateur du mouvement chrétien », écrit J. Schmitt, in *Catholicisme* (6, 365). Par sa formation à la fois piétiste et sacerdotale, par sa stature prophétique pénétrée d'eschatologie, il reste le témoin le plus original du judaïsme intertestamentaire vu dans ses diverses tentatives de réforme spirituelle. Ascète et martyr, il se situe à la jonction du sacerdoce et du prophétisme, de Qumran et de Jésus-Christ. Il fut d'abord absorbé par les Églises apostoliques et par les cercles de l'hétérodoxie juive, mais il n'a pas eu de continuateur propre. Il fut un pur témoin prophète et précurseur : prophète du baptême dans l'Esprit Saint (Mc 1, 8 et parallèles) ; et Précurseur du Christ lui-même (Mc 1, 7; Jn 1, 6, 15, 19-36, 40; 10, 41).

On disait que l'annonce par Jean du baptême dans l'Esprit est factice, inventée par l'apologétique, soucieuse de récupérer Jean Baptiste. On ne peut plus le dire après la découverte du fragment sadocite (1 QS 4, 18-23).

c'est là un thème biblique. Jean et les Esséniens l'ont développé à un nouveau stade, chacun dans leur sens. Le Prologue de Jean insiste sur la transcendance de la Lumière qui est le Verbe. Qumran, sur le combat eschatologique entre deux royaumes. Les fidèles y sont engagés au premier plan.

A la fin du Prologue, l'Évangéliste revient sur le Précurseur :

Jean lui rend témoignage et proclame :
— Voici Celui dont j'ai dit :
Celui qui vient derrière moi
est passé devant moi,
parce qu'avant moi Il était.

Marie et Jean

Comme la foi de Marie a récapitulé tout le peuple de Dieu, d'Abraham au « petit reste » des pauvres, pour donner naissance au Fils de Dieu parmi les hommes, Jean Baptiste a concentré en lui les missions de tous les prophètes (et de tous les prêtres, lui qui était de famille sacerdotale), pour introduire Jésus : prophète et prêtre suprême et transcendant.

Marie a enraciné Jésus dans la race humaine. Jean Baptiste l'a révélé publiquement. Marie l'a introduit corporellement dans le monde, Jean, prophétiquement, pour sa mission. L'un et l'autre y ont engagé un don total.

Jean a provoqué le passage de la vie cachée à la vie publique. Marie a obtenu le premier miracle de Jésus à Cana, qui engagea son ministère et fonda la foi des disciples (Jn 2, 1).

Jean Baptiste a reçu sa sanctification et sa mission par la visite de Marie portant Jésus (Lc 1, 39-46). Ainsi a-t-il devancé dans son ministère Celui *qui était avant lui*, et il se retira devant Lui, avec une grande joie (Jn 3, 29) de diminuer *pour qu'il croisse* et révèle sa grandeur transcendante (3, 30).

L'Incarnation en Marie fut un admirable échange entre Dieu et les hommes : le Fils de Dieu a pris notre vie d'homme, pour nous donner sa vie divine.

Jean vécut, lui aussi, un admirable échange. Il reçut du Christ sa sanctification précoce, comme Marie avait reçu, plus radicalement, son origine immaculée. Il a rendu témoignage à Jésus et Jésus lui a rendu un lumineux témoignage. Tous deux ont été condamnés par les pouvoirs de ce monde. Leur vie a été tranchée dans la violence et le sang. Ils se sont rejoints dans la mort et dans la gloire.

Marie a fondé secrètement le corps physique et mystique du Verbe incarné, et le Précurseur l'a dévoilé au grand jour. Ce fut, chez l'un et l'autre (Lc 1, 17, 35, 42) une œuvre de l'Esprit procédant de Dieu seul, de manière avant tout intérieure, théologale et contemplative. « Marie conçut le Christ en esprit avant qu'en son corps », c'est-à-dire par la foi, répètent les Pères de l'Église, repris par le concile Vatican II (*Lumen Gentium*, n° 53).

Homme de l'Avent et de l'avenir

Jean Baptiste reste présent à la liturgie; dans l'anaphore la plus ancienne du Saint Sacrifice. La liturgie latine préconciliaire le mentionnait aussi au Confiteor et à l'Offertoire : trois fois à chaque messe.

Les fêtes de sa nativité et de sa décollation se succèdent au Sanctoral et il revient souvent dans le lectionnaire de la semaine.

Mais son lieu, c'est surtout le temps de Noël et de l'Épiphanie. Il est, avec la Vierge Marie (plus ostensiblement) l'homme de l'Avent et ainsi l'homme de l'avenir.

Car l'Avent n'est pas seulement l'évocation du passé. C'est sans doute la récapitulation de la longue attente du Christ par un monde, qui n'a pas seulement 4000 ans, comme on croyait autrefois, mais bien plus de 40000 ans depuis l'*homo sapiens* ; plus de 400000 ans depuis les premiers anthropoïdes ; plus de 4 millions d'années depuis l'origine de la vie, plus de 4 milliards d'années depuis l'origine de notre soleil.

Mais l'Avent est aussi le temps de l'eschatologie : l'attente de la fin et du retour du Christ.

La pénitence de Jean Baptiste et sa prédication récapitulent la loi et les prophètes. Ce fils de prêtre, destiné à continuer sa lignée au service du temple, birfurqua vers le charisme aventureux et risqué des prophètes qu'il récapitula tous. Il fut l'homme de la parole seule, en deçà des écrits, comme les deux premiers : Élie et Élisée.

Comme Élie, il fut l'homme de Dieu seul : de la prière, de la pénitence et du désert ; il eut, lui aussi, un impact redouté sur la puissance royale. Comme Élie, il fut un mystique et capta, dans la nuit de la foi, la présence transcendante de Dieu, comme *la voix d'un léger silence* (1 R 19, 12). Lui aussi fit surgir dans le monde l'avenir de Dieu.

Les prophètes et Jean Baptiste lui-même n'ont

récapitulé le passé que pour le projeter dans l'avenir. Dieu a doté Jean Baptiste d'un regard d'aigle pour discerner les derniers temps et le jugement victorieux de Dieu. Ainsi son regard de feu voyait-il, au-delà de la première eschatologie (la venue du Christ) toute proche : l'ultime eschatologie où le Souverain Juge portera la cognée à la racine de l'arbre, et départagera, à grands coups de fléaux, la paille et la bale d'avec le bon grain. Il ne discernait pas encore que le premier avènement du Christ serait celui de la miséricorde et de l'échec humain. Il allait droit au second : celui de l'élimination radicale du péché et du triomphe du Dieu Tout-Puissant.

Bien enraciné dans le passé d'Israël, selon la Tradition que ses parents lui avaient transmise, Jean l'a assumée, vivifiée, relancée par un retour aux sources :

— d'abord les sources spirituelles du désert avec Dieu seul, comme Moïse, comme Élie, qui avaient commencé ainsi, dans l'épreuve et la prière;

— puis les sources du Jourdain, qui vivifie matériellement la terre d'Israël. Il en a fait la source vive du baptême de pénitence, pour l'ablution et la lessive des péchés, à la rencontre de la conversion du cœur. Jésus vient recevoir ce baptême dont il n'avait pas besoin pour lui, mais pour nous. Il vivifia l'eau et apporta le feu de l'amour. L'Esprit Saint vint sur lui consacrer un nouveau baptême. Le vœu des pécheurs repentants trouvait ainsi son « exaucement » et son « exhaussement » par ce même Esprit Saint : Source vive, Source divine jaillissant du plus profond des entrailles (Jn 7, 38), pour vivifier et

Jean Baptiste, premier témoin de la descente aux enfers.

transfigurer tout l'homme, du tréfonds de l'inconscient à la conscience claire.

Oui, Jean Baptiste opère comme Marie, avec Marie, l'ultime passage de l'Ancien au Nouveau Testament, du peuple élu à l'Église sans frontières au service du Dieu incarné, qui va devenir, pour le Salut du monde, le Dieu tout en tous.

Apocryphes et textes tardifs

1. LE PROTÉVANGILE DE JACQUES
(Milieu IIe siècle)

C'est le plus ancien apocryphe de l'enfance : celui qui a le plus influencé l'iconographie et la liturgie. Sa finale (qui date aussi du milieu IIe siècle, comme l'a établi Strycker) imagine le martyre de Zacharie dans le cadre du massacre des Innocents, après la fuite en Égypte, sans doute en référence au martyre de Zacharie qui périt entre le temple et l'autel, selon Lc 11, 51.

22. Alors Hérode voyant qu'il avait été joué par les mages se mit en colère. Il envoya ses sicaires avec ordre de massacrer tous les petits enfants depuis l'âge de 2 ans et en dessous.

Marie apprit qu'on massacrait les enfants. Saisie de peur, elle prit son Fils, l'emmaillota et le mit dans une mangeoire.

Élisabeth apprit [aussi] *qu'on recherchait Jean. Elle le prit et grimpa dans la montagne. Elle regardait autour d'elle pour le cacher, mais il n'y avait pas de cachette. Alors, poussant un gémissement, Élisabeth dit :*

— Montagne de Dieu reçois-moi : une mère avec un enfant.

Car Élisabeth était incapable de continuer à monter à force de crainte. Et aussitôt, la montagne se fendit et la reçut. Et cette montagne laissait pour elle transparaître la lumière ; car un ange du Seigneur était avec eux et veillait sur eux.

23. Or, Hérode continuait à chercher Jean ; il envoya ses serviteurs à l'autel, chez Zacharie pour lui dire :

— Où as-tu caché ton fils ?

Il répondit en disant :
— Je suis, moi, un ministre de Dieu et je demeure constamment dans son temple. Comment puis-je savoir où est mon fils ?
Ses serviteurs partirent et lui rapportèrent tout cela. Alors Hérode se mit en colère et dit :
— Son fils va régner sur Israël ?
Et il envoya à nouveau les serviteurs pour lui dire :
— Dis-moi la vérité : Où est ton fils ? Sais-tu bien que ton sang est à portée de ma main ?
Et les serviteurs partirent et le lui demandèrent. [Zacharie] *répondit en disant :*
— Je suis un martyr de Dieu. Tu veux avoir mon sang. Quant à mon esprit, le Souverain maître le recevra, car innocent est le sang que tu verses dans le vestibule du temple du Seigneur.
Vers l'aube, Zacharie fut assassiné et les fils d'Israël ne savaient pas qu'il eût été assassiné.

24. Mais à l'heure de la salutation, les prêtres partirent et la bénédiction de Zacharie ne venait pas à temps, comme de coutume. Les prêtres restaient là dans l'attente de Zacharie, pour le saluer par des prières et pour glorifier le Dieu Très Haut. Et, comme il tardait, ils eurent tous peur. L'un d'entre eux, pourtant, s'enhardit à entrer dans le sanctuaire et il vit, près de l'autel du Seigneur, du sang coagulé et une voix disait :
— Zacharie a été assassiné, et son sang ne sera pas effacé jusqu'à ce que vienne le vengeur.
A ces paroles, il fut effrayé. Il sortit et raconta aux prêtres ce qu'il avait vu et entendu, et ils s'enhardirent à entrer et ils virent ce qui était arrivé. Et les lambris du temple gémirent, et eux-mêmes déchirèrent leurs vêtements depuis le haut jusqu'en bas, et ils ne trouvèrent pas le cadavre de Zacharie. Ils trouvèrent son sang pétrifié. Et saisis de frayeur, ils sortirent et rapportèrent que Zacharie avait été assassiné et toutes les tribus du peuple entendirent. Et elles pleurèrent et se lamentèrent pendant 3 jours et 3 nuits, et après 3 jours, les prêtres tinrent conseil [pour décider qui ils mettraient à la place de Zacharie et le sort tomba sur Siméon]. *Car c'est lui qui avait été averti d'en haut, par l'Esprit Saint, qu'il ne verrait pas la mort jusqu'à ce qu'il eût vu le Christ dans la chair* [Lc 2, 26[1]].

1. Édition Émile de Strycker, *La forme la plus ancienne du Protévangile de Jacques,* Bruxelles, Bollandistes, p. 175-187.

2. L'ÉVANGILE SYRIAQUE DE L'ENFANCE
(Texte du ve s. traduit en arménien au VIe s.)

Les affabulations se développent dans la version arménienne de l'Évangile de l'enfance, probablement composée en syriaque, aux environs du ve siècle, traduit en arménien et amplifié au VIe siècle. Ici, Zacharie, père de Jean, devient le grand prêtre des Juifs[2].

La scène de l'annonce reprend l'Évangile de Luc en l'enrichissant de multiples inventions.

3. En cette année mourut le grand prêtre Éléazar [...].

4. Vint le temps où Zacharie fut fait grand prêtre; sa femme était stérile tout comme Anne [la mère de Marie]. *Après coup, les prêtres et tout le peuple firent réflexion et se dirent les uns aux autres :*

— Il est extrêmement fâcheux que nous n'ayons pas compris plus tôt ce que nous faisions. Pourquoi avons-nous établi celui-ci grand prêtre, puisqu'il [y] *a un défaut* [qui s'y oppose] *: sa femme est stérile, et* [il] *n'a pas d'enfant de la bénédiction?*

L'un d'entre ces prêtres, qui avait nom Lévi, dit :

— Ceci nous semble juste : avec votre permission je le lui dirai.

Les prêtres dirent :

— Déclare-lui la chose à lui seul, en secret, afin qu'il sache quoi et n'en parlez à aucun [autre].

Le prêtre dit :

— Bien, je ne le dirai qu'à lui et à nul autre.

5. Un jour donc, comme s'achevait le temps de la prière, le prêtre alla secrètement trouver Zacharie et lui manifesta le propos qui avait été tenu. En entendant cela, Zacharie fut vivement troublé, et il se dit en lui-même :

— Que ferai-je et quelle réponse donnerai-je? Car pour moi, je n'ai pas conscience d'avoir rien fait de mal, et s'ils me haïssent sans cause malgré mon innocence, c'est au Seigneur seul à l'examiner. Si je répudie mon épouse sans pouvoir alléguer aucun tort [de sa part], *je commettrai une lourde faute. Que si je me*

2. Traduction Paul Peeters, Bollandistes, *Évangiles apocryphes, 2*, Paris, Picard, 1914, p. 78-82.

présume coupable d'un délit pour lequel [je mérite d'] *être destitué, et que, sans rien dire, j'abdique le service du saint autel et le pontificat, ce sera bien pénible pour moi. Que vais-je donc devenir, car une grave perplexité tourmente mon âme ?*

6. Tandis qu'il se livrait à ces pensées et à ces réflexions, vint l'heure de la prière rituelle, [où il devait] *déposer l'encens devant le Seigneur. Et il se tenait dans le temple près du saint autel de Dieu, et, répandant ses larmes devant le tabernacle, il priait de la sorte :*
— Seigneur, Dieu de nos pères, Dieu d'Israël, regardez-moi avec votre miséricorde, moi, votre serviteur, qui me présente plein de confusion devant votre majesté et qui implore la gracieuse douceur de votre bienveillance. Ne dédaignez pas votre serviteur. Si vous me jugez digne de desservir votre saint autel, usez à mon endroit de votre tendre bonté envers les hommes, ô vous qui seul êtes miséricordieux et tout-puissant. A vous la gloire dans tous les siècles. Ainsi soit-il !

7. Ainsi parla le grand prêtre Zacharie. Il se trouvait à la droite du saint autel et, prosterné, il adorait le Seigneur. Et voici qu'un ange de Dieu lui apparaissant, là dans le tabernacle, lui dit :
— Ne craignez pas, Zacharie, car vos prières ont été exaucées et vos demandes sont parvenues devant Dieu. Voici que votre femme Élisabeth concevra et enfantera un fils. Et vous lui donnerez le nom de Jean [Lc 1, 13].
Zacharie dit :
— De quelle manière saurai-je cela, puisque je suis vieux et que ma femme est avancée en âge ? [Lc 1, 18.] *Comment cela m'adviendra-t-il ?*
L'ange dit :
— Puisque vous ne m'avez pas écouté et que vous n'avez pas cru à mes paroles, voici que vous serez muet et incapable de parler, jusqu'au jour où ces choses vous adviendront. [Lc 1, 20.]
Et au même instant, Zacharie fut frappé de mutisme dans le temple, et s'étant prosterné en silence devant l'autel, il se frappait la poitrine en se lamentant et il pleurait amèrement.

8. Or les prêtres et la multitude du peuple qui se trouvaient là, remarquaient avec étonnement et surprise qu'il s'attardait dans le temple. Et s'étant introduits [auprès de lui], *les prêtres le trouvèrent frappé de mutisme. Il ne pouvait parler et ne s'expliquait plus que par gestes* [de la main]. *Puis, quand fut passée la fête des saints tabernacles, le 15 du mois de tešrin, qui est le 2 octobre, les premières solennités prirent fin. Le 22 tešrin, qui est le 9 octobre, Élisabeth devint enceinte. Et le 16 du mois de Tammuz, qui est le 5 juin, eut lieu la naissance de Jean Baptiste. Gloire au Christ. Ainsi soit-il*[2].

3. LE CORAN
Début VIIe siècle

Voici le récit de la miséricorde de ton Seigneur envers son serviteur Zacharie.

Le jour où il invoqua son Seigneur d'une invocation secrète.

Et dit : Seigneur, mes os affaiblis se dérobent sous moi, et ma tête s'allume de la flamme de la canitie.

Je n'ai jamais été malheureux dans les vœux que je t'ai adressés.

Je crains les miens qui me succéderont. Ma femme est stérile, donne-moi un héritier qui vienne de toi.

Qui hérite de moi, qui hérite de la famille de Jacob ; et fais ô Seigneur qu'il te soit agréable.

— O Zacharie ! Nous t'annonçons un fils. Son nom sera Iahia.

Avant lui personne n'a porté ce nom.

Zacharie dit : Seigneur ! Comment aurais-je un fils ? Mon épouse est stérile, et moi je suis arrivé à l'âge de décrépitude.

Dieu a dit : Il en sera ainsi. Ton Seigneur a dit : Ceci m'est facile. Je t'ai créé quand tu n'étais rien.

— Seigneur, donne-moi un signe pour garant de ta promesse.

— Ton signe sera celui-ci : Tu ne parleras pas aux hommes pendant trois nuits quoique bien-portant.

Zacharie s'avança du sanctuaire vers le peuple, et lui faisait signe de louer Dieu matin et soir.

O Iahia ! Prends ce livre avec une résolution ferme. Nous avons donné à Iahia la sagesse quand il n'était qu'un enfant.

2. Traduction Paul Peeters, Bollandistes, *Évangiles apocryphes, 2*, Paris, Picard, 1914, p. 78-82.

Ainsi que la tendresse et la pureté. Il était pieux et bon envers ses parents. Il n'était point violent ni rebelle.

Que la paix soit sur lui au jour où il naquit, et au jour où il mourra, et au jour où il sera ressuscité.

4. LE LIVRE DE JEAN
(Patrimoine des Mandéens d'Irak, VIIᵉ-VIIIᵉ siècles)

La petite communauté des Nazaréens, appelée aussi Mandéens (gnostiques) d'Iran, a conservé un *Livre de Jean* qui remonte aux VIIᵉ-VIIIᵉ siècles ; il reflète l'agressivité de cette communauté à l'égard des chrétiens comme d'ailleurs des juifs et des musulmans. Ils mettent dans la bouche d'Hibil-Ziwa, le plus élevé de leurs éons, appelés Outhras, ce morceau de bravoure sur Jean Baptiste :

En ces jours-là naîtra un enfant qui recevra le nom de Jean ; il sera le fils du vieillard Zachria, qui le recevra dans sa vieillesse, à l'âge de 100 ans. Sa mère, Enichbaï, le concevra et l'enfantera dans un âge avancé. Lorsque Jean aura grandi, la foi reposera dans son cœur, il viendra au Jourdain et il y baptisera pendant 42 ans, avant que Nebou ne revête un corps et ne vienne en ce monde. Tandis que Jean vivra à Jérusalem, qu'il aura pris possession du Jourdain et y conférera le baptême, Jésus-Christ viendra à lui, s'humiliera, recevra le baptême de Jean et deviendra sage de la sagesse de Jean. Mais alors il corrompra la prédication de Jean, modifiera le baptême du Jourdain, dénaturera les paroles de la fidélité et prêchera par le monde la fraude et la malice. Au jour où la mesure est pleine, je viens moi-même [Hibil-Ziwa] *à lui, je lui apparais sous la forme d'un petit enfant de 3 ans et 1 jour, je lui parle du baptême et j'instruis ses disciples. Alors je l'arrache à son corps, je le transporte triomphalement dans le monde de la pure lumière, je le baptise dans le clair Jourdain à l'eau vive et limpide, je lui passe des vêtements de gloire et le couvre d'habits de lumière, je fais monter de son cœur un hymne de louange semblable à ceux que les anges de lumière adressent sans cesse à leur Seigneur pour l'éternité. Après la mort de Jean le monde sera la proie de l'erreur. Le Christ*

Romain bouleversera les peuples, les douze séducteurs parcourront le monde, pendant trente ans le Romain se montrera aux hommes[3].

3. J. THOMAS, *Le mouvement baptiste en Palestine et Syrie*, Gembloux-Duculot, 1935, p. 258.

Bibliographie

BAGATTI, B., *Il santuario della Visitazione ad Ain Karim. Montana ludeae. Esplorazione archeologica e repristino*, Jérusalem, 1948.

BEBB, L.J.M., in *Dictionary of the Bible,* 2 (1899) ; 677-680.

BERGEAUD, *Saint Jean Baptiste*, Paris 1900, réédité chez Mame 1961. Traduction anglaise par J.W. Saul, éditée en 1902.

BETZ, O., « Die Proselytentaufe der Qumransekte und die Taufe, in Neuen Testament », in *Revue de Qumran* 1 (1958-1959), 213-234.

BIKERMANN, E., « Jean Baptiste au désert », in *Byzantion*, 14 (1942/3), p. 1-19.

BLAKISTON, Allan, *John the Baptist and His relation to Jesus*, 1912.

BROWNLEE, W.H., « John the Baptist, in the New Light of Ancient Scrolls », in *Interpretation* 9, 1 (1955) 71-90. Jean Baptiste a passé son enfance dans le désert selon Lc 1, 80 : dans la communauté de Qumran, soutient l'auteur.

BUZY, D., *Saint Jean Baptiste. Études historiques et critiques*, Paris, 1922.

— « Béthanie au-delà du Jourdain », in *Recherches de Sciences religieuses*, 21 (1931), 444-462.

— « Pagne ou ceinture. A propos de Jean Baptiste », *ib.* 23 (1933), 89-98.

CAZELLES, H., « Baptême de Jean », in *Catholicisme* 1 (1968), 1227-1228.

CRANFIELD, C.E.B., « The Baptism of our Lord. A Study of St Mark », in *Scottish Journal of Theology* 8, 1 (1955), 56-63.

CREED, J.M., « Josephus on John the Baptist », in *Journal of Theological Studies* 13 (1922), 59-60.

CULLMANN, O., « The significance of Qumran Texts for Research in to Beginnings of Christianity » in *Journal of Biblical Literature* 84 (1955), 213-226.

DANIÉLOU, J., *Jean Baptiste, témoin de l'Agneau*, Paris, Le Seuil, 1964. Nouvelle édition Desclée de Brouwer, 1993 : situe la vocation de Jean dans l'Histoire du Salut et valorise déjà les contacts hypothétiques avec Qumran.

DARTON, G.C., *St John The Baptist and the Kingdom of Heaven*, 1961.

DEANE, Anthony C., « The Ministry of John the Baptist », in *the Expositor* 8, 13 (1917), 420-431.

DIBELIUS, Martin, *Die Urchristliche Überlieferung von Johannes der Täufer,* 1911 : analyse des textes selon la méthode de la Formgeschichte.

DORE, M.G., *Il Precursore*, Brescia, 1946.

DUPONT, J., « L'Ambassade de Jean Baptiste », in *Nouvelle Revue théologique*, 83 (1961), 805-821, 943-959.

EISLER, R., *Jesus* [und] *Johannes nach Flavius Joseph*, vol. 1, 1929; vol. 2, 1930.

— *The Messiah Jesus und John the Baptist.* Traduction anglaise 1931.

FAHY, T., « St John and Elias », in *Irish Theological Quarterly* 23, 3 (1956), 285.

FARMER, William J., « John the Baptist », in *Interpreter's Dictionary of Bible* 2 (1962), 955-962.

FEUILLET, A., « Le baptême de Jésus d'après saint Marc », in *Catholic Biblical Quarterly* 21 (1959), 468-490.

— « Les trouvailles de Qumran, Saint Jean Baptiste et les hommes du désert », in *Cahiers Évangiles* 27 (1957), 33-38.

FLAVIUS, Josèphe, *Antiquités juives* 16, 2, n° 113-117, p. 80-85.

— *The Jewish war*, translated by H. St. I. Thackeray, in *Opera*, London, Heinemann 3 (1968), 80-81 et Appendix : Slavonic Version, p. 644-647.

FLUSSER, David, *Johannes der Täufer*, 1964.

FONCK, L. « Nuntii Johannis », in *Verbum Domini* 3 (1923), 357-365.

GEYSER, A.S., « The Youth of John the Baptist », in *Novum Testamentum* 1 (1956), 70-75 : sur l'enfance.

GNILICA, J., « Die Essenische Tauchbäder und die Johannestaufe », in *Revue de Qumran* 3 (1961-1962), 185-207.

GOLDSMITH, Margaret, *John the Baptist, A modern interpretation*, London, A. Baker (1935) : fantaisie psychologique.

GOGUEL, Maurice, *Au seuil de l'Évangile : Jean Baptiste*, Paris, 1928.

HENZEI, Philippe, *Les deux Jean : le Baptiste et l'Évangéliste*, Paris, Spes, 1934.

HICKS, G.E., *John the Baptist*, Londres, 1942.

HOUBAUT, H., « Jean Baptiste (Baptême de) », in *Dictionnaire de Théologie catholique* 8 (1923), 645-656. Insiste sur le caractère non sacramentel de ce baptême.

HOUGTON, R.C., *John the Baptist, Forerunner of Our Lord. His Life and Work* (1889).

HORNE, George, *Consideration on the Life and Death of St John The Baptist* (1769).

INNITZER, T., *Johannes der Täufer nach Schrift und Tradition* (1908).

JARAUSCH, K., « Johannes Täufer » in *Unterweisung und Glaube* 15 (1940-1941) 60-66; 72-77.

JONES, James, « References to John the Baptist in the Gospel according to St Matthew », in *Anglican Theological Review* 41 (1959), 258-302.

JOSI, Enrico, « Giovanni Battista, Archeologia », in *Enciclopedia Cattolica*, t. 6 (1951), 521-524.

JOUÖN, P., « Le costume d'Élie et celui de Jean Baptiste », in *Biblica*, 16 (1935), 74-81.

KENNARD, J. Spencer, *The Signifiance of John's Break with the Essenes,* manuscrit cité par Werk, p. 120, sur la rupture hypothétique de Jean avec les Esséniens.

KÖHLER, H., *Johannes der Täufer. Kritisch Theologische Studie*, 1884.

KONRAD, Alois, *Johannes der Täufer*, Graz-Vienna, 1911.

KRAELING, Karl H., *John The Baptist*, London, C, Scribner, 1951.

LEBRETON, J., « Le Précurseur et le Messie », in *Dictionnaire de la Bible, Supplément,* 8, 1514-1515.

LECLERCQ, H., « Jean Baptiste », in DACL 7, col. 2, 2167-2184.

LUPIERI, Edmondo, *Giovanni Battista fra storia e leggenda*, Brescia, Paidela, 1988.

LOHMEYER, Ernst, *Das Urchristentum I. Johannes der Täufer* (1932).

MAHUET, J. de, « Jean Baptiste. Iconographie », in *Catholicisme*, 6 (1967), 376-377.

McIver, M.E., « John The Baptist », in *New Catholic Encyclopoedia*, 7 (1966), 1030-1031.

Maréchal, René, « Jean le Baptiste », in *Dictionnaire de Spiritualité,* 8 (1974), 176-192.

Mariani, Bonaventura, « Giovanni Battista », in *Enciclopedia Cattolica*, t. 6 (1951), 515-521.

Masseron, Alexandre, *Saint Jean Baptiste dans l'Art*, Paris, Arthaud, 1957.

Massot, G., « Jean Baptiste-Culte », in *Catholicisme*, 6 (1967), 374-376.

Medini, Vincent, *De S. Johannis, Praecursoris et Baptistae, Domini relativa dignitate et sanctitate. Dissertatio theologica*, Venise, Typis Aemilianis, 112 p. Institut Catholique 14063 (393).

Meliton, Archevêque, *Jean le Précurseur et le Baptiste*, Jérusalem, 1933 : en grec, 46 p., B.N. 8° pièce 1776 : sur les reliques présumées de la tête de Jean Baptiste.

Meyer, F.B., *Johann The Baptist*, 1900.

Michel, A., « Jean Baptiste », in *Dictionnaire de Théologie catholique*, Tables, col. 2484-2488.

Morel, Robert, *L'Annonciation. Vie de Saint Jean le Baptiste*, Paris, Julliard, 1942.

Moussun, Jean, *Jean Baptiste dans les fragments d'Héracléon*, Louvain, Publications universitaires, 1954. Bibliothèque Nationale D 93798 (27).

Ory, Georges, *Jean le Baptiseur*, Paris, Cercle E.-Renan, 1956.

Perrot, Charles, *Jésus et l'histoire*, Paris, Desclée, 1979, p. 98-136, situe Jean et Jésus dans une pénétrante étude sur le mouvement baptiste du Ier siècle.

Pick, Bernhard, « John The Baptist and Christ in the Slavic Translation of Joseph's Jewish War », in *Biblical World*, 33 (1914), 172-177.

Pihan, Jean, *Les deux Jean*, t. 1, Paris, Fleurus, 1988. Une bande dessinée expressive et fidèle aux données bibliques.

Plus, R., *Saint Jean Baptiste dans l'Art*, Paris, Alsatia, 1937.

Pottgiesser, A., *Johannes der Täufer und Jesus Christus,* Cologne, 1911.

Procksch, O., *Johannes der Täufer* (1907).

Retif, André, *Jean le Baptiste, missionnaire du Christ,* Paris, Seuil, 1950.

Reynolds, H.R., *John The Baptist*, 1876.

OBERTSON, A.T., *John the Loyal*, 1911.

ROBINSON, J.A.T., « The Baptism of John and the Qumran Community », In *Harvard Theological Review*, 1 (1957), 175-191.

ROWLEY, H.H., « The Baptism of John and the Qumran Sect », in *New Testament Essays in Memory of T.W. Manson*, éd. J.B. Higgins, 1959, 218-229.

— « Jewish Proselyt Baptism and The Baptism of John », in *Hebrew union College Annual*, 15 (1940), 313-314.

SALLER, S., *Discoveries at St John's. Ein Karim, 1941-1942*, Gerusalemme, 1946.

SCHMITT, J., « Jean Baptiste », in *Catholicisme* (1967), 365-376.

SAINTONGE, F., *Témoin de la Lumière : Jean Baptiste*, Montréal (1946).

SCHUTZ, Roland, *Johannes der Täufer*, Zurich, Zwingli, Verlag, 1967.

SCOBIE, Charles Hugh Hope, *John The Baptist*, Philadelphie, Fortress, 1964, 224 p. : développe l'hypothèse d'un séjour du Baptiste en pays samaritain, p. 163-186.

SDRAKAS, E., *Johannes der Täufer in der Kunst der Christlicher Osten*, Monaco, 1943.

SMYTH, Kevin, « St John Baptist and the Dead Sea Scrolls », in *Month*, 20 (1958), 352-361.

SOUVAY, Charles L., « John The Baptist », in *Catholic Encyclopoedia*, 8 (1910), 486-491.

STEINMANN, J., *Saint Jean Baptiste et la spiritualité du désert*. Collection Maîtres spirituels, Paris, Seuil, 1955, 192 p.

STEVE, A.M., « Le désert de Jean près d'Hébron », in *Revue Biblique*, 53 (1946), 547-575.

STUCLIFFE, E.F., « Baptism and Baptismal Rites at Qumran », in *Heytrop Journal* I (1960), 179-188.

TEICHER, J.L., « Has a Johannine Sect Ever Existed ? », in *Journal of Jewish Studies*, 4 (1053), 139-153.

TONDELLI, L., « Giovanni e Enos nelle litterature mendeane », in *Biblica*, 9 (1928), 206-224.

TOSCHI, Paolo, « Giovanni Battista. Iconografia », in *Enciclopedia Cattolica*, t. 6 (1951), 524-528.

VIELHAUER, Philippe, « Johannes der Täufer », in *Die Religion in Geschichte und Gegenwart*, 3 (1959), 803-807.

WEED, Norman, *John The Baptist and Jesus*. Thèse non éditée, New York, Union theological Seminary, 1950.

WINK, Walter, *John the Baptist in the Gospel Tradition*, Cambridge University Press, 1968, 132 p. : Étude attentive des péricopes évangéliques qui confirme l'accord de Jean et de Jésus au-delà d'oppositions factices.

— « John The Baptist », in *Encyclopoedia of Religion*, 8 (1987), 112-114.

ZURHELLEN, O., *Johannes der Täufer und seine Verhältnis zum Judentum,* 1903.

Table

Crédit photographique

P. 23 Détail du diptyque en ivoire de Guenoels-Elderen (vers 780). Musée des Arts décoratifs de Bruxelles. (D.R.)

P. 31 Naissance de saint Jean Baptiste. « Heures d'Étienne Chevalier », vers 1455. Musée Condé à Chantilly. © Lauros-Giraudon.

P. 36 La Vierge, l'Enfant et saint Jean. Botticelli, Florence. © Alinari-Giraudon.

P. 57 Saint Jean Baptiste baptisant au bord du Jourdain. Dessin, École allemande (?). © Roger-Viollet.

P. 61 Prédication de saint Jean Baptiste. Fonts baptismaux de l'église Barthélemy à Liège (Belgique). © Roger-Viollet.

P. 67 Saint Jean Baptiste. Maître de Burgo de Osma, Retable, début XVe s. Musée du Louvre. © Giraudon.

P. 71 Baptême du Christ. Retable du Maître de Rheinfelden, fin XVe s. Suisse. Dijon, Musée des Beaux-Arts. © Giraudon.

P. 83 Saint Jean Baptiste accusant Hérode. San Diego, États-Unis. © Roger-Viollet.

P. 97 La décollation de saint Jean Baptiste. Vitrail, XVIe s. © Viollet.

P. 98 La décollation de saint Jean Baptiste. Metsys Quentin, Anvers. © Bulloz.

P. 113 Saint Jean Baptiste. Cathédrale de Reims, porte droite de la façade ouest. © Hurault-Viollet.

P. 123 Détail du Parement de Narbonne. XIVe s. Musée du Louvre. © Giraudon.

Collection
« Petite vie de ... »

Saint Augustin, par Bernard Sesé
Saint Benoît, par Paul Aymard
Bernadette, par René Laurentin
Saint Bernard, par Pierre Riché
Don Bosco, par Robert Schielé
Saint Bruno, par Ange Helly
Catherine Labouré, par René Laurentin
Sainte Claire, par Jacqueline Gréal
Saint Dominique, par Marc Joulin
Saint François d'Assise, par Michel Feuillet
Saint François Xavier, par Hugues Didier
Ignace de Loyola, par Albert Longchamp
Jean de la Croix, par Bernard Sesé
Jean-Baptiste de la Salle, par Michel Fiévet
Jean-Marie Vianney, par Marc Joulin
Jeanne d'Arc, par Régine Pernoud
Jeanne de Chantal, par André Ravier
Jeanne de France, par Marc Joulin
Lacordaire, par Bernard Cattanéo
Saint Louis, par Paul Guth
Louise de Marillac, par Élisabeth Charpy
Marthe Robin, par Raymond Peyret
Saint Pierre, par René Laurentin
Thérèse d'Avila, par Bernard Sesé
Thérèse de Lisieux, par Marc Joulin
Thomas d'Aquin, par Michel de Paillerets
Vincent de Paul, par Luigi Mezzadri

Achevé d'imprimer le 8 mars 1993
dans les ateliers de Normandie Roto s.a.
à Lonrai (61250)
pour le compte des éditions Desclée de Brouwer.
N° d'imprimeur : I3 0213
Dépôt légal : mars 1993

Imprimé en France